Mit Pressemitteilungen gratis in den Medien.
Öffentlichkeitsarbeit zum Nulltarif

Mag. Regina Leutgeb ist Fachwirtin für Marketing, studierte Sozialwirtin und ausgebildeter Coach nach dem Kieler Beratungs- modell. Sie leitet seit über zehn Jahren ihre Beratungsagentur "leucon - Mag. Regina Leutgeb Consulting", die sich auf effiziente und gewinnbringende Kommunikation nach innen und außen spezialisiert hat.

Weitere Informationen finden sich auf www.regina-leutgeb.at.

Regina Leutgeb

Mit Pressemitteilungen gratis in den Medien.

Öffentlichkeitsarbeit zum Nulltarif

Copyright © 2013 Mag. Regina Leutgeb

Für Anregungen und Feedback: info@regina-leutgeb.at

Foto auf der Titelseite: © contrastwerkstatt - Fotolia.com

ISBN-13: 978-1492857884
ISBN-10: 1492857882

Inhalt

Dritter Abschnitt

Einleitung

Dieser Praxisleitfaden hilft, die Präsenz eines Unternehmens, einer Organisation, eines Vereins, usw. in der Öffentlichkeit zu steigern und kostenfreie Beiträge in Zeitungen, Zeitschriften, Magazine, Blogs, usw. zu erreichen.

Dabei ist das Buch ein praktischer Leitfaden aus der Praxis: Es enthält das Know How aus über zehn Jahren erfolgreicher Presse-, Medien- und Öffentlichkeitsarbeit, interessante Best Practice Beispiele (zB von Adidas, Römerquelle oder BMW), nützliche Linkverweise und 21 Checklisten. In Summe trägt die Lektüre dazu bei, wichtige Erfolgskriterien zu berücksichtigen und unnötige Fehler zu vermeiden.

Dafür wurde dieser Ratgeber in drei Teile gegliedert: Der erste Abschnitt erörtert neben den Grundlagen auch die Wünsche, Bedarfe und Ansprüche von Redakteuren. Dies ist wichtig zu wissen, da diese in hohem Maße darüber entscheiden, ob eine Pressemitteilung zu einem Artikel verarbeitet wird oder nicht. Wer nachvollziehen kann, worauf Medienvertreter besonders viel Wert legen, kann seine Pressetexte danach ausrichten und damit die Zahl seiner Berichterstattungen enorm steigern.

Der zweite Abschnitt verdeutlicht, wie man Schritt für Schritt eine erfolgreiche Medienarbeit aufbaut, was es zu beachten gilt und wo häufige Fehlerquellen oder Stolpersteine liegen. Das Buch konzentriert sich hierbei insbesondere auf den Bereich der Pressemitteilungen: Ausgehend von der Konzeption, über die Formulierung, bis hin zu den Versandmöglichkeiten und der Erfolgskontrolle werden alle wichtigen Punkte besprochen.

Im dritten Abschnitt finden sich wichtige Zusammenfassungen und 21 Checklisten, die den Transfer in die Praxis unterstützen. Sie erleichtern die Erstellung und Kontrolle der Pressemitteilungen, aber auch die Umsetzung anderer erfolgskritischer Bausteine.

In der Medienbranche ist Zeitnot ein täglicher Begleiter. Daher ist es wichtig alles zu tun, um Medienleuten nicht unnötig die Zeit zu stehlen. Hierzu gibt es ein beeindruckendes Zitat von Helmut A. Gansterer (dem ehemaligen Chefredakteur und Herausgeber des Wirtschaftsmagazins trend), das er im Gästebuch von Claudia Stöckl hinterlassen hat: „Sie haben mir mehr Zeit geschenkt als genommen" – ein wundervolles Feedback, das jedem Presseverantwortlichen ein wichtiges Anliegen sein sollte.

Bitte bedenken Sie: Nur Übung macht den Meister. Wenn es nicht gleich mit einer Berichterstattung klappt, machen Sie weiter – und werfen Sie gegebenenfalls noch einmal einen Blick in dieses Buch. Vielleicht entdecken Sie etwas, was Sie noch nicht, oder zu wenig berücksichtigt haben. Optimieren Sie Ihre Presseinformationen (die Checklisten helfen Ihnen dabei), und versuchen Sie es noch einmal. Sie werden sehen, mit der Zeit funktioniert es wunderbar.

Zuletzt habe ich eine Bitte an alle weiblichen Leserinnen: Aufgrund der einfacheren Lesbarkeit habe ich für dieses Buch die männliche Schreibweise gewählt. Selbstverständlich sind damit nicht nur die Herren angesprochen, sondern auch die Damen. Schließlich ist die Medienwelt die Heimat vieler erfolgreicher Frauen, die Tag für Tag das Beste aus Pressemitteilungen herausholen.

Beim Lesen dieser Lektüre wünsche ich Ihnen viele lehrreiche Impulse und gewinnbringende Erkenntnisse für Ihre Medien- und Öffentlichkeitsarbeit. Über eine Rückmeldung würde ich mich freuen – Sie erreichen mich unter info@regina-leutgeb.at.

Ich wünsche Ihnen für Ihre Zukunft alles Gute und viel Erfolg in der spannenden Medien- und Pressewelt!

Regina Leutgeb

Oktober 2013

Begriffe in der Öffentlichkeitsarbeit

Wenn Sie sich mit dem Thema Öffentlichkeitsarbeit auseinandersetzen, begegnen Ihnen viele Begriffe: Oft hört man von Public Relations, von PR, von Medienarbeit, von Pressearbeit, von Presseinformationen, und vielem mehr. Oft werden Worte synonym verwendet, was gelegentlich, aber nicht immer richtig ist. Die nachfolgenden Definitionen zeigen Ihnen, dass die Unterschiede meist nicht recht groß, aber doch vorhanden sind.

Öffentlichkeitsarbeit ist das deutsche Synonym für **Public Relations** (oder kurz „PR"), und steht für alle Aktivitäten eines Systems (dh eines Unternehmens, einer Einrichtung, eines Vereins, einer Partei, usw.), um in der Öffentlichkeit ein bestimmtes Image zu schaffen. Damit das gelingt, tritt man mit unterschiedlichen Dialoggruppen in Kontakt - die wichtigsten sind die Redakteure.

Öffentlichkeitsarbeit richtet sich jedoch nicht nur nach außen, sondern auch nach innen. Denn nicht nur die breite Masse soll über aktuelle Geschehnisse informiert werden, sondern auch die Mitarbeiter. Zu den Instrumenten der internen Öffentlichkeitsarbeit zählen zB ein schwarzes Brett, ein Intranet, eine Mitarbeiterzeitung oder eine Betriebsversammlung.

Die **Presse- und Medienarbeit** ist eines der wichtigsten Aufgabenfelder innerhalb der Öffentlichkeitsarbeit. Ziel ist, mit Vertretern aus Presse, Online-Medien, Fernsehen und Hörfunk in Kontakt zu treten, und diese regelmäßig mit Nachrichten zu versorgen. Hierbei kann zwischen **Instrumenten mit persönlichem Kontakt** (wie zB Interviews, Pressegespräche, Pressekonferenzen, Journalistenseminare) und **Instrumenten ohne**

persönlichem Kontakt (etwa mit Presseinformationen, Pressefotos, Pressemappen, usw.) unterschieden werden.

Pressemitteilungen (für die auch die Synonyme Presseinformationen, Presseaussendungen oder Pressetexte gelten), sind
Aussendungen an Redakteure aus den Bereichen Presse, Internet, Fernsehen und Hörfunk. Weil sich eine Pressemitteilung
nicht nur an die Presse richtet, sondern auch an andere Medienvertreter, sorgt der Begriff in manchen Fällen für Verwirrung. Nichts desto trotz geht man inzwischen davon aus, dass
eine Botschaft nicht nur für die Presse, sondern auch für
andere Medien bestimmt ist. In einigen Unternehmen hat sich
mittlerweile der Begriff der „**Medieninformation**" etabliert, der
eindeutig klarmacht, dass sich die Botschaft an alle Medien richtet.

Pressemitteilungen sind das Verbindungsglied zwischen einem
Versender (zB einem Unternehmen als Informationsanbieter)
und einem **Verwender** (dem Redakteur als Informationsverwer-
ter). Da die Zusammenarbeit auf **freiwilliger und unentgeltlicher Basis** beruht, gilt es, Wünschen und Anforderungen von
Medienvertretern in größtmöglichem Umfang zu entsprechen.

Was es hierbei zu berücksichtigen gilt, erfahren Sie in diesem
Leitfaden. Zuvor setzen wir uns aber noch mit einigen wichtigen
Grundlagen auseinander: Etwa dem Unterschied von Öffentlichkeitsarbeit und Werbung. Das ist wichtig, weil viele Pressemitteilungen von Redakteuren als „zu werblich" eingestuft werden,
und damit ungebremst in den Papierkorb wandern.

Öffentlichkeitsarbeit vs. Werbung

Zwei Begriffe, die oft miteinander in Verbindung gebracht werden, sind Öffentlichkeitsarbeit und Werbung. Viele meinen, dass es sich hierbei um ein und dasselbe Thema handelt, bei dem es vor allem um eines geht: In der Öffentlichkeit ein tolles Bild von sich zur Schau zu stellen. Oberflächlich betrachtet und salopp formuliert könnte man dies auch so stehen lassen – gäbe es nicht die feinen Unterschiede die beweisen, dass sich hinter den Begriffen viel mehr verbirgt als die Vermittlung eines gewünschten Idealzustandes.

Es lohnt sich die genaue Betrachtung der Hintergründe, und man wird feststellen, dass jedes für sich ganz andere Ziele verfolgt. Nutzen wir für den Einstieg einen Spruch von Alwin Münchmeyer (1908-1990), der die Unterschiede recht anschaulich und anhand zweier junger Menschen beschreibt:

*"Wenn ein junger Mann ein Mädchen kennenlernt und ihr sagt, was für ein großartiger Kerl er ist, so ist das **Reklame**.*

*Wenn er ihr sagt, wie reizend sie aussieht, dann ist das **Werbung**.*

*Aber wenn das Mädchen sich für ihn entscheidet, weil sie von anderen gehört hat, was für ein feiner Kerl er wäre, dann ist das **Public Relations**."*

Alwin Münchmeyer hat es in seiner Beschreibung von Public Relations verstanden zu erklären, dass es sich hier vor allem um die Wahrnehmung einer Menschenmenge handelt. Es geht nicht darum, was man selbst über sich sagt, oder was man zu jemandem sagt um etwas zu erreichen, sondern darum, welche

Meinung in der Öffentlichkeit über eine Person oder ein Unternehmen herrscht.

Gehen wir nun ins Detail und sehen wir uns die Begriffe Reklame, Werbung und Public Relations genauer an. Die kleinen aber feinen Unterschiede werden damit greifbar und man erhält die Möglichkeit, die einzelnen Bedeutungen klar voneinander abzugrenzen.

Starten wir mit dem für uns bedeutsamsten Begriff, der Öffentlichkeitsarbeit:

Öffentlichkeitsarbeit/Public Relations/PR

- Öffentlichkeitsarbeit verfolgt das Ziel, das Image einer Person, eines Unternehmens, einer Organisation, einer Einrichtung, usw. zu fördern und in der Öffentlichkeit ein bestimmtes Bild zu erzeugen

- Die Bemühungen von Presseverantwortlichen sind langfristig angelegt, von daher ist es wichtig, regelmäßig mit relevanten Dialoggruppen, insbesondere den Redakteuren, in Kontakt zu treten

- Mittels schriftlicher Pressemitteilungen und persönlicher Kontakte sollen kostenlose Berichterstattungen erreicht werden

- Da die Zusammenarbeit auf freiwilliger und unentgeltlicher Basis erfolgt, entscheidet der Redakteur als Empfänger eines Pressetextes, was wann wo und in welcher Form veröffentlicht wird

- Da Presseverantwortliche im Vorfeld nicht erfahren, ob und wie der Inhalt einer Pressemitteilung verwertet wird, setzen sie sich einem niedrigen, aber doch vorhandenen Risiko hinsichtlich des Ergebnisses (Umfang, Richtigkeit, usw.) aus

Werbung

- Unter Werbung versteht man die gezielte und bewusst angelegte Beeinflussung von Menschen, um ein bestimmtes Ziel zu erreichen. In erster Linie geht es um den Verkauf eines Produktes oder einer Dienstleistung

- Die dafür notwendigen Aktivitäten werden in einer Werbeplanung zusammengefasst. Die Konzeption beschreibt unter anderem, wie eine Werbekampagne umgesetzt wird und welche Werbeträger zum Einsatz kommen (zB Anzeigen in Printmedien, Internetwerbung, Direct-Mailing-Maßnahmen, Rundfunk- und Fernsehspots). In der Regel werden verschiedene Medien miteinander kombiniert, man spricht dabei von einem sogenannten Media-Mix

- Die Aufbereitung der Werbebotschaft nimmt einen hohen Stellenwert ein, meistens ist sie emotional aufgeladen, sehr werblich und grafisch „behübscht"

- Da der Auftraggeber festlegt, was wann wo und in welcher Form veröffentlicht wird, ist die Unsicherheit hinsichtlich des Ergebnisses (Umfang, Richtigkeit, usw.) niedrig

Reklame

- Als Reklame bezeichnet man eine aufreißerische, gegebenenfalls auch unsachliche Werbung

- Sie zählt zur klassischen Werbung und verfolgt damit auch deren Ziele, wie das Lukrieren einer kurzfristigen Absatzsteigerung

Dieser Vergleich zeigt, dass Öffentlichkeitsarbeit ganz andere Ziele verfolgt als Werbung. Richtig eingesetzt trägt Public Relations aber dennoch zum Verkauf von Produkten bei - dies bestätigte schon Henry Ford, der Gründer der Ford Motor Company, als er im Jahre 1926 feststellte: „Die Leute glauben zwanzig redaktionellen Zeilen mehr als einer ganzseitigen Anzeige."

Ein Blick in
die Redaktionen

Damit Öffentlichkeitsarbeit gelingt und in der Folge häufig über Sie berichtet wird, ist es ratsam, sich mit den **Wünschen und Anforderungen** von Redakteuren auseinander zu setzen. Werfen wir also als Nächstes einen Blick in die Redaktionen.

Viele Journalisten nutzen am liebsten persönliche Gespräche, Mails, Suchmaschinen, Nachrichtenagenturen und Unternehmenswebsites, um sich über ein Thema zu informieren.

Da das Internet ein vielfach genutztes Medium ist, macht es Sinn, dort auf vielen Kanälen präsent zu sein und Redakteuren alles zu bieten, was sie für ihre Recherchen benötigen. Nutzen Sie dazu auch Ihre **Unternehmenswebseite** und richten Sie einen **Pressebereich** ein. Technisch gesehen ist dies meist mit wenig Aufwand verbunden, kann Ihnen aber in der Pressearbeit viele Türen öffnen. Jeder Pressebereich (manchmal spricht man auch von einem „Pressecorner" oder einem „Pressecenter") sollte schon auf der Startseite leicht zu finden sein. Im Idealfall enthält er alle zentralen Informationen über das Unternehmen – die praktischerweise kurz, aber aussagekräftig zusammengefasst sind. Wichtig ist, dass man sich rasch einen Überblick verschaffen kann.

Ergänzend ist auch eine Seite im Online-Lexikon **Wikipedia** empfehlenswert, die Sie kostenfrei einrichten können. Je ausführlicher Sie dort über das Unternehmen, die Geschichte, Leistungen und Produkte berichten, desto besser. Nutzen Sie die Möglichkeit Fotos upzuloaden, denn ein gutes Bild sagt oft mehr als tausend Worte. Ausdrucksstarke, gut inszenierte Bilder bleiben oft länger in Erinnerung als geschriebene Worte.

Redaktionen werden täglich mit E-Mails überflutet. Je nach Position des Publizisten können es täglich bis zu 200 elektronische Nachrichten sein. Chefredakteure berichten sogar von bis zu 300 Mails pro Tag. Bei dieser Masse verwundert es nicht, wenn Publizisten rasch eine Vorauswahl treffen und schon im Posteingang eine kritische Selektion durchführen. Studien berichten, dass schon beim ersten Check über 80 Prozent der Mails gelöscht werden, weil sie für eine Verwertung ungeeignet sind. Dazu zählen etwa Newsletter und Mailings, aber auch Pressetexte, die nicht oder nur zum Teil in das Ressort, oder zum Interessensprofil des jeweiligen Journalisten passen.

Redakteure bevorzugen Pressetexte, die per Mail gesendet werden, und die sich durch drei Elemente auszeichnen: Eine reduzierte **Form**, ein mediengerechter **Inhalt** und die Verwendung einer journalistengerechten **Sprache**. Sind diese Kriterien erfüllt, ist die Wahrscheinlichkeit höher, dass ein Text von Medienvertretern verarbeitet wird.

Um sofort erkennen zu können, dass sich eine Presseinformation auf ein nachrichtenrelevantes Thema bezieht, ist in der **Betreffzeile der Pressemail** eine **aussagekräftige Beschreibung** notwendig. Je konkreter aus dem Betreff ersichtlich wird, worum es in der Pressemitteilung geht, desto besser.

Medienschaffende wünschen sich, dass übermittelte **Informationen möglichst vollständig sind** und eine **einfache Verarbeitung** gewährleisten. Befindet sich der Pressetext bereits im Mailtext, ist das in Ordnung. Idealerweise sind im Anhang Bilder angehängt, wie auch die Presseinformation im Word- und/oder im PDF-Format.

Achten Sie darauf, die **Dateigrößen gering zu halten**, komprimieren Sie gegebenenfalls die Bilder, falls diese zu viel Speicherplatz beanspruchen. Insgesamt sollte eine Mail einen Umfang von fünf MB nicht überschreiten. Links zu einer Website sind daher willkommen (zB zu Ihrem Pressebereich), wenn auf der Zielseite noch weitere Informationen oder Dateien zu finden sind.

Die **beste Versandzeit ist vormittags**, zumindest bei Tageszeitungen. Redakteure gewinnen damit Zeit und können die Meldung entspannter für die nächstmögliche Ausgabe vorbereiten.

Weil kleinere und mittlere Firmen eher in der Lage sind, Informationen **rasch und ohne langwierige Abstimmungsprozesse** zur Verfügung zu stellen, stehen sie in der Gunst von vielen Medienleuten. Sie punkten mit ihrer **Schnelligkeit** und verfügen auch oft noch über **eindrucksvolle Themen**. Die in diesen Unternehmen herrschende Angst, über keine interessanten Nachrichten zu verfügen, ist häufig unbegründet.

Reporter sind in der Regel nicht befugt, **Geschenke anzunehmen**, weder vor noch nach einer Veröffentlichung. Ein Chefredakteur berichtete mir, dass es in seiner Redaktion zu einer fristlosen Entlassung führen kann, wenn Geschenke (vor allem hochpreisige und wertvolle) angenommen werden.

Der Wunsch nach **Zusendung von Exemplaren** ist eine heikle Angelegenheit. Journalisten wollen in erster Linie über aktuelle Themen berichten und sich nicht darum kümmern müssen, den Versand von Freiexemplaren zu organisieren. Im Falle einer Berichterstattung ist der Redakteur dem Presseverantwortlichen bereits entgegengekommen, weil er den Pressetext kostenfrei verarbeitet und publiziert hat.

Nachrichtenrelevante Themen

Nicht jede Pressemeldung ist für jeden Redakteur von Bedeutung. Es gibt verschiedene Kriterien, anhand derer man einschätzen kann, inwiefern ein Thema für Medienvertreter interessant sein könnte.

Nicht selten sind Geschäftsführer, Vereinsführer, usw. verwundert, wenn ein von ihnen vorgeschlagenes Thema nicht zu einer Presseinformation verarbeitet wird. Eine Begründung dafür könnte sein: Das Thema ist nicht relevant genug. In diesem Fall hat man zwei Möglichkeiten: Entweder man behandelt das Thema wirklich nicht, oder man „macht das Thema interessant", indem man es sinnvoll „anreichert."

Sehen wir uns die Kriterien an, die für viele Redakteure eine entscheidende Rolle spielen:

Relevanz/Bedeutung des Themas für das Medium

Publizisten prüfen zuerst, ob das Thema zu dem Medium (dh zur Zeitung, Zeitschrift, usw.) passt, in dem der Beitrag veröffentlicht werden soll. Gibt es keine Übereinstimmung, wird der Pressetext verworfen.

In größeren Redaktionen besteht die Gefahr, dass die Pressemitteilung zwar beim richtigen Medium, aber bei dem falschen Redakteur (oder im falschen Ressort) landet. Schlimmstenfalls kann auch das zu einer Löschung führen. Das zeigt einmal mehr, wie wichtig es ist, die Daten im Presseverteiler sorgfältig zu warten und immer darauf zu achten, dass die Journalisten dem richtigen Ressort bzw. Thema zugeordnet sind.

Aktualität/Neuigkeit eines Ereignisses

Wichtig sind aktuelle Informationen. Sicher kennen Sie den Spruch: „Nichts ist so alt wie die Zeitung von gestern", und er trifft nirgendwo mehr zu als in den Redaktionen. Was gestern in der Zeitung stand, ist heute uninteressant. Wenn zB eine Technologie schon in der ganzen Branche verwendet wird, ist das für die Presse nicht weiter spannend. Sehr wohl wäre es interessant, wenn eine Technologie aus einem artfremden Bereich übernommen werden würde (wenn zB eine Anwendung der Medizintechnik in der Automobilindustrie eingesetzt wird).

Aktualität bedeutet auch, dass Presseinformationen zeitnah versendet werden. Denken Sie hierbei zB an eine Veranstaltung. Bei Tages- oder Wochenmedien informieren Sie die Redakteure etwa ein bis zwei Wochen vor der Veranstaltung mit einer Veranstaltungsankündigung, bei Monatsmagazinen muss die Information schon sechs bis acht Wochen vorher eintreffen. Den Pressenachbericht sollten Sie Tagesmedien so rasch wie möglich zusenden, am besten unmittelbar nach der Veranstaltung. Bei Wochen- und Monatsmedien gewinnen Sie Zeit und es steht Ihnen - je nach Redaktionsschluss - ein größeres Zeitfenster zur Verfügung. Grundsätzlich gilt: Je länger das Ereignis zurückliegt, desto niedriger ist die Wahrscheinlichkeit, dass (noch) darüber berichtet wird.

Am besten ist, Sie erkundigen sich bei den wichtigsten Medien nach dem Redaktionsschluss für die jeweils nächste Ausgabe. Wenn Sie die Information in Ihren Presseverteiler aufnehmen, haben Sie die Daten immer griffbereit. Das ermöglicht Ihnen, den Versand von Pressemitteilungen gezielter zu steuern: Etwa dann, wenn Sie kurzfristig und rasch ein topaktuelles, gerade heiß diskutiertes Thema aufgreifen, und Ihre dazupassende Sichtweise kommunizieren wollen. Ein Beispiel dafür wäre etwa ein Leserbrief, der zwar nicht direkt mit einer Pressemitteilung verglichen werden kann, aber von vielen Medien als berichtenswert empfunden wird. Überdies ist die Abdruckrate von Leserbriefen oftmals höher als von Pressemitteilungen.

Öffentliche Bedeutung/soziale Auswirkung

Je bedeutender ein Ereignis für die breite Öffentlichkeit ist, desto interessanter ist das Thema für die Medien. Das ist auch der Grund, warum in Tageszeitungen oft über Großaufträge (Aufnahme von neuen Mitarbeitern), Betriebsschließungen (Beschäftigte verlieren ihren Arbeitsplatz), neue Steuern (niedrigeres Haushaltsvermögen), usw. berichtet wird.

Leiten Sie Ihre Neuigkeiten an die Presse weiter, wenn diese eine größere Menschenmenge betreffen. Dieser Ansatz schafft für Sie viele Möglichkeiten. Etwa dann, wenn Sie zB eine neue Technologie entwickelt haben, die es Mitarbeitern ermöglicht, länger im Arbeitsprozess zu verbleiben und/oder ihnen hilft, ihre Aufgaben ergonomischer bewältigen zu können.

Neuigkeit/Fortschritt/Prominenz

Medienleute wollen über Themen berichten, von denen man in dieser Form noch nicht gehört bzw. gelesen hat. Somit ist Außergewöhnlichkeit gefragt, die sich auf ein Produkt, ein Unternehmen, eine Branche, eine Region, usw. beziehen kann.

Gern gesehen sind auch Presseinformationen mit Themen, in denen prominente Menschen involviert sind und/oder zu Wort kommen. Sollten Sie zB einen Tag der offenen Tür planen, könnten Sie den Bürgermeister und/oder andere wichtige Leute aus Ihrem Umfeld einladen. Wenn Sie in Ihre Pressemitteilung ein Zitat dieser Person(en) aufnehmen, kann dies die Chance auf eine Berichterstattung steigern.

Lokalität/Regionalität

Viele Medien setzen Schwerpunkte hinsichtlich ihres Regionalitätsgrades: Manche Medien konzentrieren sich auf die Verbreitung von Neuigkeiten aus der Region, andere sehen es als ihre Aufgabe, überregionale Themen aufzugreifen. Beispiele sind etwa die APA - Austria Presse-Agentur oder die DPA – Deutsche Presse-Agentur, die sich vor allem auf exportierbare, überregional interessante Ereignisse konzentrieren. Auf der anderen Seite berichtet das Volksblatt vornehmlich über lokale Vorkommnisse.

Von daher ist es wichtig zu wissen, welches Medium welchen Regionalitätsgrad umsetzt. Falls Sie im Impressum des Mediums keinen Hinweis darauf finden, hilft ein Blick in die aktuelle Ausgabe: Analysieren Sie, was dominiert: Sind es eher überregionale Themen oder sind es Ereignisse mit starkem regionalen Bezug?

Ergänzen Sie Ihre Erkenntnis bei den Notizen Ihrer Medienanalyse (Sie erfahren später dazu mehr), und wenn möglich, auch in Ihrem Presseverteiler. Denn diese Information kann Ihnen dabei helfen, den Versand Ihrer Pressemitteilungen zu perfektionieren. Sollte die Analyse ergeben, dass ein Medium einem überregionalen Fokus folgt, macht es wenig Sinn, ihm eine Pressemitteilung über einen „Tag der offenen Tür" zu senden. Die Wahrscheinlichkeit, dass eine Berichterstattung ausbleibt ist hoch, weil das Thema vermutlich nur als „regional bedeutend" eingestuft wird.

Journalistengerechte Medienarbeit

In der Öffentlichkeitsarbeit arbeiten Sie mit den verschiedensten Redakteuren zusammen. Auch wenn diese Menschen in unterschiedlichen Themenfeldern tätig sind, sind die Kriterien für journalistengerechte Medienarbeit die gleichen. Werfen wir einen Blick darauf:

Nicht jeder Redakteur ist Experte in Ihrem Fachgebiet. Gehen Sie davon aus, dass möglicherweise weder der Redakteur, noch seine Leserschaft, über Ihr Arbeitsfeld so gut Bescheid wissen wie Sie (außer Sie schreiben einen Pressetext für ein Fachblatt). Falls Sie eine Presseinformation für ein Massenmedium vorbereiten (beispielsweise für eine Tageszeitung), verzichten Sie auf Fremdwörter. Müssen bestimmte Begriffe bzw. Formulierungen unbedingt verwendet werden, erklären Sie diese. Alles, was einem durchschnittlichen Bürger nicht geläufig ist, sollte allgemeinverständlich erläutert werden.

Seien Sie aktiv und „gestalten" Sie interessante Neuigkeiten. Setzen Sie sich ein Ziel, wie oft über Ihr Unternehmen in den Medien berichtet werden sollte (zB wöchentlich, x Mal im Monat, x Mal im Quartal). Im nächsten Schritt könnten Sie einen Medienplan erstellen, in den Sie alle Themen von Presseaussendungen eintragen, die schon im Vorfeld festgelegt werden können (Messeteilnahmen, Jubiläen, interne Preisverleihungen, usw.). So erkennen Sie, in welchem Monat Ihnen Anlässe für Presseaussendungen fehlen. Überlegen Sie, ob in den Monaten, in denen es scheinbar kein für die Presse geeignetes Ereignis gibt, Sie eines „in Szene" setzen können. Das könnte ein Bericht über ein erfolgreiches Projekt (ein Schwertransport im Gebirge, eine Fensterreinigung in Schwindel erregender Höhe, usw.) oder eine soziale Aktivität sein (zB Firma stellt für die Kinder der Mitarbeiter eine kostenlose Aufsicht zur Verfügung, weil Betreuungseinrichtungen im Sommer geschlossen sind). Besonders in den Sommermonaten macht es Sinn, Pressebotschaften zu inszenieren. Denn aufgrund des „Sommerlochs", das sich oft durch einen Mangel an interessanten Neuigkeiten auszeichnet, steigt die Chance für eine Berichterstattung.

Informieren Sie glaubwürdig, sachlich richtig und verständlich. Vermeiden Sie übertriebene Formulierungen. Bereiten Sie Ihre Pressetexte sachlich auf und belegen Sie Ihre Aussagen, wenn möglich mit Testergebnissen, Prüfberichten, usw.

Reagieren Sie schnell! Es gibt zwei Situationen, in denen eine rasche Reaktion unbedingt erforderlich ist: Erstens, wenn **Anfragen von Redakteuren** eintreffen. Das kann der Fall sein, wenn noch weitere Informationen, oder Bilder in besserer Auflösung benötigt werden. Zweitens, in **Krisensituationen**. Aufgrund der Brisanz des Themas wurde ihm ein eigenes Kapitel gewidmet – Sie finden es weiter unten.

Rufen Sie nicht nach! Wenn eine Pressemitteilung keine Berücksichtigung findet, oder für eine Pressekonferenz nur wenige Anmeldungen eintreffen, ist man leicht verleitet, in den Redaktionen telefonisch nachzuhaken. Tun Sie das besser nicht, denn es gibt kaum einen Redakteur, der darüber erfreut ist.

Sehen Sie darin gegebenenfalls den Hinweis, dass Ihre Presseinformation ein nachrichtenrelevantes Kriterium zu wenig berücksichtigt hat (Aktualität, Relevanz, Auswirkung, usw.) oder Sie „einfach nur Pech haben". Wenn eine überregionale Angelegenheit die Presse beherrscht (eine wirtschaftliche Krisensituation, eine politische Begebenheit, usw.), müssen regionale Themen oft zurückstecken.

Bleiben Sie in Kontakt, schriftlich wie persönlich. Erweisen Sie sich für Medienleute als kompetenter und zuverlässiger Ansprechpartner. Denken Sie jedoch auch immer daran, dass nicht alles für die Presse bestimmt ist. Alles was Sie (beiläufig) sagen, könnte morgen in der Zeitung stehen oder im Internet veröffentlicht werden.

Der Pressebereich
auf der Firmenwebsite

Geben Sie Redakteuren die Möglichkeit, sich umfassend und rund um die Uhr über Ihr Unternehmen zu informieren. Nutzen Sie dazu Ihre Homepage, und richten Sie darauf einen Pressebereich ein, es wird sich lohnen.

Auf vielen Websites findet sich entweder in der Hauptnavigation oder im unteren Bereich der Homepage ein Link mit der Bezeichnung „Presse" oder „Medien" – das ist in der Regel der Pressebereich. Manchmal ist diese Kategorie auch im Bereich „Unternehmen" untergebracht.

Helfen Sie mit, dass Redakteure rasch bedient werden und schenken Sie ihnen Zeit, indem Sie auf die Anforderung und/ oder Eingabe eines Passwortes zur Nutzung des Pressebereichs verzichten.

Interessantes für Journalisten

Medienleute sind für detaillierte Informationen offen. Nutzen Sie das Interesse von Publizisten, automatisch mit Neuigkeiten versorgt zu werden und ermöglichen Sie Medienvertretern, sich in Ihren **Presseverteiler** einzutragen. Das verursacht Ihnen wahrscheinlich nicht viel Aufwand, bringt Ihnen aber einen für Ihre Themen aufgeschlossenen Pressekontakt.

Sie finden nachfolgend eine Aufstellung mit Punkten, die für Medienschaffende spannend sind:

- Der **Ansprechpartner für Medien** inklusive seinen **Kontaktdaten:** Geben Sie die Telefonnummer samt Durchwahl an, aber auch die Handy-Nummer, die Mailadresse, den Link zum Firmen-Xing-Profil, usw.

- **Verdichtete Informationen zum Unternehmen:** Berichten Sie über die Firmengeschichte und ihre Entwicklung, über Schwerpunkte, Produkte, Umsatz, Mitarbeiteranzahl, Management, Exportanteil, usw.

- **Farbfotos im Hoch- und Querformat:** Stellen Sie druckfähige Aufnahmen von den Vertretern der Geschäftsführung (einzeln und eventuell gemeinsam), Produktfotos, Bilder vom Firmengebäude, von Laboren, usw. zur Verfügung

- **Broschüren:** Bieten Sie Unterlagen, wie Firmenfolder, Produktfolder, Geschäftsberichte, usw. im PDF-Format an

- **Links** zu den **Social Media Kanälen,** wie zu Ihrem Blog und zu Twitter, YouTube, Facebook, Xing, Flickr, usw.

- **Chronologisch gereihte Presseinformationen**

- **Logos in verschiedenen Auflösungen:** Ermöglichen Sie Redakteuren den Download eines Farb-Logos mit einer Auflösung von 300 dpi

- **Termine:** Berichten Sie schon im Vorfeld über Messeteilnahmen, Jubiläen, die Veröffentlichung von Geschäftszahlen, usw.

- **Lebensläufe** von den Mitgliedern der Geschäftsführung, eventuell auch vom Management

- **Artikelarchiv:** Wenn vorhanden, können werbefreie Artikel, Reden, Präsentationen, Studien, Prüfberichte, usw. aufgelistet und/oder zum Download angeboten werden. Redakteure können sich damit in unternehmensrelevante Themen einlesen und/oder auf dem Laufenden bleiben

Die hier aufgelisteten Punkte sind **nach Wichtigkeit** gereiht. Demnach ist der **Name des Ansprechpartners** die bedeutendste Information. Je weiter sich die Liste fortsetzt, desto eher sind die Hinweise als „Zuckerl" für Redakteure zu verstehen. Je mehr Auskünfte bereitgestellt werden, desto stärker wird Ihr Engagement verdeutlicht, Medienvertreter in umfassender Weise bedienen zu wollen.

Was es bei den einzelnen Punkten zu berücksichtigen gilt:

- Reihen Sie Ihre Presseinformationen, Fotos, Geschäftsberichte, usw. in **chronologischer Reihenfolge** und beginnen Sie Ihre Auflistung immer mit der **aktuellsten Version**

- Auch Ihre Pressefotos sollten einfach zu nutzen sein. Eine Möglichkeit wäre, die Bilder **in Produktgruppen einzuteilen** und nach deren Bezeichnungen zu benennen. So helfen Sie Redakteuren, Ihre Fotos richtig zuzuordnen und korrekt zu verwenden

- Ideal ist, wenn Dokumente im **Word- und/oder im PDF-Format** zur Verfügung gestellt werden

Rechtlicher Tipp: Falls Sie Berichterstattungen aus Zeitungen, Zeitschriften, usw. auf Ihrer Website veröffentlichen wollen, ist eine vorherige schriftliche Zustimmung des Urhebers notwendig. Dazu muss der Herausgeber des Mediums kontaktiert und um Erlaubnis gebeten werden, den Bericht auf der Website veröffentlichen zu dürfen. Meistens geht das auch in Ordnung, wenn das Medium als Quelle angegeben wird. Eine andere Möglichkeit wäre, auf der Website lediglich einen kurzen Hinweis auf den Artikel zu platzieren, und einen Link zum vollständigen Beitrag zu legen.

Beispiele aus der Praxis

Nachfolgend finden Sie Beispiele von Pressebereichen, die immer (wieder) einen Besuch wert sind – weil sie zeitnah mit aktuellen Informationen erweitert werden. Aus diesem Grund sind sie auch stets eine Fundgrube für Redakteure.

Der Pressebereich der **Adidas Group** ist leicht zu finden, er ist in der Hauptnavigation als vorletzter Reiter („Medien") untergebracht. Zuerst werden Top-News und Top-Events vorgestellt, mit jeweils drei Artikeln, dem Datum der Berichterstattung und einer Überschrift. Darunter findet sich das sog. "Resource Center", das Archiv mit den Pressefotos. Der untere Teil des Medienbereichs gliedert sich in die fünf Kategorien Aktuelles, Links, Veröffentlichungen, Top Suchwörter und Service. Der Pressebereich wird im Oktober 2013 einem Relaunch unterzogen und sich dann mit einem neuen Konzept präsentieren.

Link zur Website: www.adidas-group.com

Auch bei Firma **Römerquelle** ist der Medienbereich in der Hauptnavigation als vorletzter Reiter platziert („Handel/Presse"). Nach einem kurzen Überblick werden die Ansprechpartnerinnen in der Pressestelle (inkl. E-Mail-Adressen) angeführt. Darunter sind die Links zu allen relevanten Themenfeldern aufgelistet: Zu den Pressemitteilungen, den Pressefotos, zu Logos, Produktfotos und den Nachhaltigkeitsberichten der letzten Jahre. Man erreicht diese Felder auch über die Navigation auf der linken Seite.

Link zur Website: www.roemerquelle.at

Der Pressedienst bei **Cup&Cino** ist in der Kategorie „Unternehmen" angesiedelt, wo die Seite in zwei recht übersichtliche Spalten gegliedert wird. Im mittleren (prominenteren) Bereich findet sich an erster Stelle die Information zur Ansprechpartnerin. Neben der Adresse werden die Telefon- und Fax-Nummer als auch die E-Mail-Adresse angegeben. Darunter besteht die Möglichkeit, die „Presseschau" zu abonnieren, wofür man nur wenige Daten eintragen muss. Links davon, in der zweiten etwas schlankeren Spalte, ist der Informationsbereich angesiedelt: Zuerst werden sechs Pressemitteilungen (als PDF) mit Namen und Dateigröße aufgelistet und verlinkt, danach folgen drei Container mit Pressebildern aus unterschiedlichen Bereichen (jeweils mit 300 dpi). Ganz unten werden diverse Unternehmensbroschüren und das Unternehmenslogo zum Download angeboten.

Link zur Website: www.cupcino.com

Die **BMW Group** unterhält den umfangreichsten Pressebereich, der sogar einen eigenen „PressClub Österreich" umfasst.

Es werden zahlreiche Materialien in den unterschiedlichsten Formaten zur Verfügung gestellt (Text, Photo, Audio, TV und Video). Neben den „Daten & Fakten" verweist ein Link auf den „My.PressClub" Bereich, einem individuell und persönlich adjustierbaren Pressebereich (mit persönlicher Startseite, RSS Feed, E-Mail-Service und Download-Center). Informationsmäßig lässt das Portal keine Fragen offen, es werden tiefgehende Informationen zu den Bereichen „Wirtschaft und Unternehmen", „Marken", „Technologie, Forschung, Entwicklung", „Menschen und Lebensläufe" sowie „Heritage, Classic" angeboten.

Link zur Website: www.press.bmwgroup.com

Tipp: Schauen Sie sich die einzelnen Pressebereiche an, es lohnt sich - und lassen Sie sich davon inspirieren. Möglicherweise generieren Sie damit Ideen für Ihren eigenen Pressecorner.

Pressebereich in Minimalversion

Die oben vorgestellten Pressebereiche bieten für Redakteure ein tolles Angebot an Informationen. In kleineren und mittleren Unternehmen fehlen manchmal die Ressourcen, um eine derartige Fülle anbieten zu können. Dennoch sollte man nicht auf einen Pressebereich verzichten – und gegebenenfalls einen kleineren Pressecorner einrichten. Ideal wäre es, wenn folgende Bestandteile angeboten werden könnten (nach Bedeutung gereiht):

- Der **Medien-Ansprechpartner** inklusive Kontaktdaten

- Knappe, aber präzise **Informationen zum Unternehmen**

- Druckfähige **Pressefotos**

- Chronologisch gereihte **Presseinformationen**

Immer noch zu viel Aufwand? Eine mutige Idee hatte Sina Trinkwalder, die Geschäftsführerin der Augsburger Textilmanufaktur Manomama: Sie lädt Journalisten herzlich zu einem persönlichen Gespräch ein. Zuvor können sich Medienvertreter im umfassenden Unternehmensblog über die Entstehung, die da-

hinterliegenden Sichtweisen und die zahlreichen Erfolge informieren.

Link zur Website: www.manomama.de

Wie Pressetexte verarbeitet werden

Machen Sie sich mit den Ergebnissen erfolgreicher Redaktionsarbeit vertraut und ziehen Sie Vorteile aus dem Studium veröffentlichter Berichterstattungen: Lernen Sie von Firmen, die es geschafft haben, aus einer Masse an Pressemitteilungen herauszustechen und einen kostenfreien Beitrag zu lukrieren.

Das erreichen Sie auf einfachem Weg: Studieren Sie Zeitungen, Zeitschriften, Magazine, usw. und analysieren Sie die darin enthaltenen Beiträge. Bevor Sie ein Medium wieder zur Seite legen, versuchen Sie, folgende Fragen zu beantworten:

- **Was sind die Kernthemen dieses Mediums?** Welche **Ressorts** (zB Wirtschaft, Branchen, Politik), **Fachbereiche** (zB Technologie, Verkehr, Handel, Produktion) und/oder **Themen** (zB Veranstaltungen, neue Forschungsergebnisse) gibt es? Wie ist das Medium gegliedert bzw. eingeteilt?

- **Wie lange sind die Berichterstattungen?** Analysieren Sie die Länge der Artikel: Umfassen diese nur wenige Zeilen, eine Spalte, eine halbe Seite oder mehrere Seiten? Bevorzugen Sie immer jene Medien, die Themen ausführlich behandeln und dafür auch ausreichend Platz zur Verfügung stellen. Denn es gilt: Je mehr Text von Ihnen in der Öffentlichkeit untergebracht werden kann, desto besser können Sie Ihre Inhalte transportieren

- **Wie viele Fotos werden pro Bericht eingesetzt?** Je mehr Fotos verwendet werden, desto besser! Denn Fotos gelten allgemein als Eyecatcher, die Aufmerksamkeit auf sich ziehen. Des Weiteren verlängern Sie auch die Beitragslänge, und einem längeren Beitrag wird oft mehr Bedeutung beigemessen als einem kurzen

- **Wie hoch ist die Auflage?** Auflagenstarke Tageszeitungen erreichen nicht selten mehrere hunderttausend Leser, während Fachmagazine auch unter der fünfzigtausender Marke bleiben. Dennoch sind beide Kanäle wichtig: Die Tageszeitung für die breite Masse, das Fachmagazin für die zielgruppengerechte Ansprache

- **Welcher Redakteur ist für welches Thema zuständig?** Wie lauten die Namen und Mailadressen von den Publizisten, die Ihre (zukünftigen) Themen abdecken? Mit etwas Glück werden die Namen der Verfasser bei den Artikeln angegeben, ansonsten erfahren Sie die Kontaktdaten im Impressum, auf der Website des Mediums oder durch einen Anruf im Redaktionssekretariat

Nehmen Sie sich die Zeit und analysieren Sie verschiedene Medien, insbesonders auch unterschiedliche Mediengattungen (Tageszeitung, Magazin, Fachblatt, usw.). Es ist interessant die Unterschiede festzustellen! Denn Fachblätter sind ganz anders aufbereitet als Tageszeitungen, und die wiederum sehen anders aus als Lifestyle Magazine.

Die Unterschiede der einzelnen Mediengattungen sind es Wert, herausgearbeitet zu werden. Nur so erkennen Sie, worauf der Redakteur eines Mediums achtet. Dieses Wissen lehrt Sie, dass Sie - je nach Mediengattung - unterschiedlichen Ansprüchen gerecht werden müssen.

Wenn Sie von Anfang an ein „ideales Ergebnis" vor Augen haben – und zwar aus der Sicht von Journalisten, können Sie Ihre Presseaktivitäten danach ausrichten. Alles was dazu nötig ist, erfahren Sie auf den nächsten Seiten.

Schritt für Schritt zur erfolgreichen Medienarbeit

Nachdem wir uns im letzten Abschnitt mit den Wünschen, Anforderungen und Ergebnissen von Redakteuren auseinander gesetzt haben, begeben wir uns nun auf die nächste Ebene: Die folgenden Kapitel zeigen Ihnen, wie Sie Ihre Aktivitäten für eine erfolgreiche Presse- und Medienarbeit auf Schiene bringen. Und ganz nebenbei berücksichtigen Sie dabei auch alle Punkte, die für Medienleute wichtig sind.

Folgenden Themenfeldern schenken wir auf den nächsten Seiten besondere Aufmerksamkeit:

1. **Ein Thema auswählen:** Über welches aktuelle Ereignis soll berichtet werden?

2. **Relevante Medien identifizieren:** Für welche Zeitungen, Magazine, Blogs, usw. sind meine Nachrichten interessant? Wo sollen meine Nachrichten unbedingt erscheinen?

3. **Den richtigen Redakteur herausfinden:** Wer ist bei den jeweiligen Medien für mein Thema zuständig und wie lautet seine Mail-Adresse?

4. **Einen journalistengerechten Pressetext verfassen:** Welche Informationen nehme ich in die Presseinformation auf? Wen lasse ich persönlich zu Wort kommen?

5. **Pressefotos als Türöffner in die Redaktion nutzen:** Welche Fotos setze ich ein? Wer besitzt die Urheberrechte? Was ist auf den Bildern zu sehen?

6. **Möglichkeiten zum Versand des Pressetexts:** An wen
    sende ich meine Botschaft? Wie kann ich meine Pressein-
    formation noch verteilen?

7. **Presseberichte erfassen und auswerten:** Wo und wie oft
    wurde über uns berichtet? Was lernen wir daraus für unse-
    re zukünftige Pressearbeit?

8. **Redakteure laufend mit Nachrichten bedienen:** Wie blei-
    be ich mit den relevantesten Redakteuren in Kontakt?

Themen für Presseaussendungen

Viele Unternehmen – vor allem kleine und mittlere Firmen – glauben, dass nicht ausreichend Themen zur Verfügung stehen, um Redakteure regelmäßig mit Presseinformationen versorgen zu können. Andere befürchten, dass sie „einfach zu klein" sind, um interessant für die Medien zu sein. Die Praxis zeigt, dass beide Befürchtungen unbegründet sind.

Diese Sorgen können sofort im Wind zerstreut werden: Erfolgreiche Medienarbeit hat nichts mit der Unternehmensgröße zu tun. Auch kleine Unternehmen können mit **kreativen Ideen** und etwas **Übung** viele kostenfreie Berichterstattungen erreichen.

Starten wir mit dem wichtigsten Punkt (wie Sie später noch erfahren werden, ist das auch eine wichtige Regel beim Erstellen von Pressetexten): Das Thema bzw. Ereignis, über das in einer Pressemitteilung berichtet wird, ist eines der zentralsten Erfolgsbausteine.

In manchen Fällen sehen Reporter über formale Fehler hinweg, wenn das Thema außergewöhnlich und interessant erscheint (manchmal braucht es dann sogar nicht einmal eine schriftliche Presseinformation). Auf der anderen Seite ist es einem formal perfekten Pressetext unmöglich eine Berichterstattung auszulösen, wenn ihm kein nachrichtenrelevantes Ereignis zugrunde liegt.

Was also zählt, ist das richtige Thema.

Nun stellt sich oft die Frage: Was braucht es, damit ein Thema oder Ereignis für Medienleute interessant ist? Diese Frage ist rasch beantwortet: Wenn die nachfolgend dargestellten Muss-

Kriterien erfüllt sind und idealerweise auch die Kann-Kriterien zutreffen:

Muss-Kriterien

- Das Ereignis ist **aktuell**

- Es handelt sich um **ein für dieses Medium relevantes Thema**

- Es geht um etwas **Neues, Innovatives, bislang Unbekanntes**

Kann-Kriterien

- Das Ereignis hat eine **öffentliche Bedeutung** und/oder eine **soziale Komponente**

- Das Thema ist (entsprechend dem Regionalitätsgrad des Mediums) entweder **regional** oder **überregional** bedeutend

Kommen wir nun zum nächsten Punkt: Hier geht es darum, Ereignisse zu finden, die in eine Pressemitteilung verwandelt werden könnten.

Ideen für Presseinformationen

Im Folgenden finden Sie Anregungen für zukünftige Presseaussendungen. Fast alle Themen haben sich bereits bewährt und zu zahlreichen Berichterstattungen geführt. Die Inhalte sind für alle Unternehmensgrößen geeignet, und somit auch für kleine und mittlere Betriebe.

Kunden/Kooperationspartner

- Sie haben einen neuen Kunden gewonnen

- Aufgrund einer Kooperation können Sie größere Projekte abwickeln

- Sie haben Ihr Händler-Netzwerk erweitert

- Sie haben ein neues Angebot entwickelt

Wenn Sie diesen Themenkomplex aufgreifen, verdeutlichen Sie Ihre Marktnähe und die Bereitschaft anderer Unternehmen, mit Ihnen zu kooperieren.

Organisation/Produktion

- Die Firmenadresse hat sich geändert

- Sie sind in ein neues Firmengebäude übersiedelt

- Sie feiern ein Firmenjubiläum

- Ihre neue Produktionshalle hat den Betrieb aufgenommen

- Sie wenden ein neues Herstellungsverfahren an

- Sie haben eine Million Bauteile fehlerfrei produziert und ausgeliefert

Alles was verdeutlicht, dass sich das Unternehmen in eine positive Richtung entwickelt (wie zB mehr Umsatz, mehr Gewinn, mehr Mitarbeiter, mehr Lehrlinge, mehr Kunden, mehr Betriebsfläche, mehr Produkte, mehr Investitionen), ist eine ideale Basis für eine Pressemitteilung. Denn erfolgreiche Firmen sind immer ein beliebtes Thema.

Mitarbeiter

- Sie haben x neue Mitarbeiter eingestellt

- Sie stellen heuer mehr Lehrlinge ein als je zuvor

- Sie haben heuer den 100. Lehrling ausgebildet

- Der Frauenanteil in Ihrem Unternehmen beträgt über 75 Prozent

- Sie beschäftigen viele Menschen mit Beeinträchtigung

In Zeiten eines weit verbreiteten Fachkräftemangels sind motivierte, fleißige Mitarbeiter eine begehrte Zielgruppe. Mit einer positiven Berichterstattung können Sie auf sich aufmerksam machen und sich als mitarbeiterorientiertes Unternehmen darstellen.

Auszeichnungen

- Die Firma hat einen Preis/eine Auszeichnung erhalten

Unterstreichen Sie Ihre Kompetenz und/oder ein besonderes Engagement, indem Sie sich an Ausschreibungen zu Staatspreisen, Awards, usw. beteiligen. Im Falle einer Preisverleihung können Sie meistens mit einer umfassenden Medienberichterstattung rechnen.

Veranstaltungen/Messen

- Sie veranstalten einen Tag der offenen Tür

- Sie stellen auf einer Messe ein neues Produkt vor

- Sie laden Kunden zu einem Event ein

- Sie organisieren öffentlich zugängliche Vorträge

Wenn Sie eine Presseinformation mit Bezug auf eine Veranstaltung versenden wollen, ist es für eine Berichterstattung meistens förderlich, wenn Sie prominente Personen dazu einladen und diese persönlich begrüßen können. Sie gewinnen dadurch auch die Chance für ein zusätzliches Zitat, das ohnehin in keiner Presseinformation fehlen sollte.

Tipp: Weitere Ideen liefern Ihnen Zeitungen, Zeitschriften, Magazine, usw., die Ihnen in Ihrem Unternehmen und/oder im privaten Umfeld in die Hände fallen. Sehen Sie sich an, welche Themen aufgegriffen wurden und beurteilen Sie, ob Sie den Anlass möglicherweise genauso nutzen können.

Thema gefunden – und nun?

Wenn Sie sich für ein Thema entschieden haben, überlegen Sie, was das Ereignis, über das Sie in Ihrer Pressemitteilung berichten wollen, zu einem Highlight macht bzw. was das Neuartige bzw. Besondere daran ist.

Starten wir zum besseren Verständnis mit einem Beispiel, das uns auch in den nächsten Kapiteln begleiten wird:

Nehmen wir an, dass das **Hauptthema bzw. Ereignis** Ihrer Presseinformation ein „Tag der offenen Tür" ist, den Sie für die Anwohner der näheren Umgebung veranstalten. Um das Interesse Ihrer Nachbarn zu schüren, Ihnen bzw. Ihrer Veranstaltung einen Besuch abzustatten, haben Sie sich folgende **Highlights** einfallen lassen: Mitarbeiter stellen neue Entwicklungen vor, ein Kunde berichtet über seine Erfahrungen mit dem Produkt, es können Produkte ausprobiert werden, Führungen in die Labore ermöglichen den Zugang hinter sonst verschlossene Türen, und zuletzt sorgen noch kulinarische Köstlichkeiten für das leibliche Wohl der Besucher.

Konsequenzen der Themenwahl

Sobald Sie sich für ein Thema entschieden haben, geben Sie damit zwei Zielrichtungen vor: Auf der einen Seite definieren Sie damit die Highlights (siehe oben), die in der Pressemitteilung vorkommen sollten. Auf der anderen Seite nehmen Sie eine erste Medienauswahl vor, etwa in Bezug auf den Regionalitätsgrad als auch die Verbreitung (zB über PR-Portale).

Wie Sie später noch erfahren werden, sollte auf jeden Fall vermieden werden, jede Presseinformation an jeden Redakteur (bzw. seine Redaktion) zu senden. Vielmehr gilt es, jene Kanäle (dh Zeitungen, Zeitschriften, Web-Portale, Foren, usw.) aufzuspüren, die mit hoher Wahrscheinlichkeit über das Ereignis berichten möchten. Denn nicht jedes Medium interessiert sich zB für einen „Tag der offenen Tür", aus welchen Gründen auch immer.

Was Sie beim Aufbau Ihres Medienverteilers berücksichtigen sollten, erfahren Sie im nächsten Kapitel.

Tipps für den Aufbau eines Medienverteilers

Ein Presseverteiler gehört zur Basisausstattung einer professionellen Öffentlichkeitsarbeit - selbst dann, wenn Sie glauben, mit nur mit wenigen Kontakten starten zu wollen. Wenn Sie Ihre Aktivitäten professionalisieren, werden Ihnen über kurz oder lang bald wesentlich mehr Adressen zur Verfügung stehen, als Sie zu Beginn vermuten. Die Gründe dafür können vielfältig sein, etwa weil sich Redakteure auf Ihrer Website in den Presseverteiler eintragen oder weil Sie im Rahmen Ihrer Medienarbeit interessante Leute kennen lernen, die Sie ebenso über Ihre neuen Aktivitäten informieren wollen.

Bevor wir uns detaillierter mit dem Aufbau eines Medienverteilers beschäftigen, gilt es, noch einige Grundlagen zu berücksichtigen. Wenn Sie diese beachten, sparen Sie bald viel Zeit (und damit auch Geld), weil Sie wichtige Erfolgsfaktoren von Anfang an beherzigen:

- Presse- und Medienarbeit bedeutet nicht, dass Sie möglichst viele Mails an möglichst viele Personen senden

- Wenn Sie Öffentlichkeitsarbeit auf professionelle Beine stellen wollen, bemühen Sie sich um **partnerschaftliche Kontakte** – vor allem mit jenen Redakteuren, deren Medien besonders interessant für Sie sind

- Versorgen Sie die wichtigsten Publizisten mit **mediengerechten Neuigkeiten** und seien Sie immer ein zuverlässiger und hilfsbereiter Ansprechpartner

Das Wissen um diese drei Säulen bildet für Ihre Pressearbeit eine Erfolg versprechende Grundlage. Denn es führt dazu, dass Sie stets die wichtigsten Punkte im Auge behalten.

Wenden wir uns nun dem Presseverteiler zu.

Was ist ein Presseverteiler und was muss man beachten?

Ein Presseverteiler ist im Idealfall ein elektronisches Sammel-
werk, das alle relevanten Informationen zu Medien, Redaktionen und Redakteuren enthält. In der Regel sind das die Namen
der Medien und der Ressorts, der Regionalitätsgrad (regionale
vs. überregionale Verbreitung), die Themenschwerpunkte sowie die Namen und Kontaktdaten der dafür zuständigen Mitarbeiter. Manchmal werden noch weitere Daten erfasst, wie zB
die Auflage oder der Redaktionsschluss.

Wann immer es möglich ist, versuchen Sie, persönlich adressierte Kontaktdaten zu erhalten. Auch wenn der personelle
Wechsel in Redaktionen hoch sein kann, und damit der Aufwand für die laufende Aktualisierung steigt, ist es wichtig, auf
persönliche Kontakte zu setzen - Sie steigern damit Ihre Chance auf eine Berichterstattung.

Starten Sie den Aufbau Ihres Presseverteilers mit verschiedenen Recherchen. Auch wenn das anfangs etwas Zeit bindet, ist
das durchaus empfehlenswert und letzten Endes eine lohnende
Investition.

Das erste Ziel sollte sein, sich jener Medien bewusst zu werden, die höchstwahrscheinlich nicht über Sie berichten werden
(weil zB die in den Medien publizierten Beiträge nicht mit Ihren
zukünftigen Themen harmonieren oder Ihr Unternehmensprofil
nicht mit der Zielgruppe des Mediums übereinstimmt).

Ein recht spezialisiertes Medium ist etwa das österreichische
„Wirtschaftsblatt", in dem hauptsächlich über große und/oder
börsennotierte Unternehmen berichtet wird. Wenn Sie Pressearbeit für ein sehr kleines, stark regional verankertes Unternehmen betreiben wollen, sind Berichterstattungen wahrscheinlich
nur unter besonderen Bedingungen erreichbar (wenn zB ein
neuer Kunde von Ihnen ein TOP-Unternehmen ist, Sie in China
einen Auftrag abwickeln oder Sie an einem international beach-
teten Ereignis beteiligt sind).

Vergeuden Sie keine Zeit für Medien, die mit hoher Wahrscheinlichkeit nicht über Sie berichten werden. Wenn Sie diese gezielt ausschließen, sparen Sie sich viel Mühe und vor allem Zeit.

Stattdessen sollten Sie Ihre Bemühungen in jene Zeitungen, Zeitschriften, Magazine, usw. investieren, die Ihre Themen gerne aufgreifen, und somit besonders relevant für Sie sind. Eine Frage, die in diesem Zusammenhang häufig auftritt, ist: Und welche sind das?

Welche Medien sind relevant?

Um diese Frage zu beantworten macht es Sinn, Medien in **Produktgattungen** einzuteilen und nach ihrem **Regionalitätsgrad** zu unterscheiden. Am besten bilden Sie dazu drei Gruppen, die **Fachmedien**, die **Wirtschaftsmedien** und die **Publikumsmedien**.

Die nachfolgenden Beschreibungen veranschaulichen, wodurch sich die einzelnen Mediengattungen unterscheiden:

<u>Fachmedien</u>

- **Betrieblicher Fokus:** Das Medium ist „das Medium der Branche". Jedes Unternehmen, das in der Branche erfolgreich ist, ist in diesem Medium präsent. Es liegt somit ein hoher **Branchenfokus** vor. Ein Beispiel dafür wäre etwa die „Österreichische Kunststoffzeitschrift", ein Fachmedium für die Kunststoffbranche

- **Publikumsfokus (Richtung Endverbraucher):** Das Medium erreicht Menschen, die sich für ein spezielles Angebot bzw. eine klar abgrenzbare Nische interessieren. Leser informieren sich damit über neue Forschungsergebnisse, neue Produkte, Produkttests, neue Technologien oder über Unternehmen, die in der Nische tätig sind. Dieses Medium zeichnet sich durch einen hohen **Nischen- bzw. Zielgruppenfokus** aus. Ein Beispiel wäre zB die Zeitschrift „Men´s Health" für sportliche und gesundheitsbewusste Männer

Wirtschaftsmedien

- **Überregionaler Fokus:** Das Medium berichtet branchen- und bundesländerübergreifend über Aktivitäten in (großen) Unternehmen, Großaufträge, Börsen- und Aktienentwicklungen, Veranstaltungen, usw. und weist einen hohen überregionalen **Wirtschaftsfokus** auf. Ein Beispiel dafür ist die Wirtschaftspresse, wie zB das Wirtschaftsblatt

- **Regionaler Fokus:** Das Medium thematisiert branchenübergreifende Themen mit wirtschaftlichem Background. Bedient werden vornehmlich kleine und mittlere Unternehmen, die über wirtschaftspolitische Neuerungen, Neuigkeiten aus Unternehmen, Auszeichnungen, Veranstaltungen, usw. informiert werden. Dieses Medium weist einen **wirtschaftsorientierten Regionalfokus** auf. Ein Beispiel wäre die Zeitung der Wirtschaftskammer, wie zB die Salzburger Wirtschaft

Publikumsmedien

- **Überregionaler und regionaler Fokus:** Das Medium greift sozial- und gesellschaftspolitische Themen auf und berichtet über Ereignisse aus Unternehmen, Behörden, Institutionen, Schulen, Vereinen, usw. Man erhält damit einen guten Einblick, was in einer bestimmten Region passiert. Dieses Medium hat einen hohen **(über-)regionalen Publikumsfokus**. Beispielhaft können hier die Tages- und Wochenzeitungen genannt werden, wie zB die Oberösterreichischen Nachrichten oder die Zeitung Heute

- **Lokaler Fokus:** Das Medium informiert über lokale Ereignisse aus den Bereichen Wirtschaft, Gesellschaft, Vereine, Schulen, usw. und weist damit einen **lokalen Publikumsfokus** auf. Beispiele wären eine Gemeindezeitung oder ein Bezirksblatt

Ein Medienverteiler sollte aus jeder Kategorie mindestens zwei bis drei Medien enthalten. Es wäre natürlich besser, wenn sich mehr Versandmöglichkeiten anbieten, dies ist jedoch nicht immer möglich, weil beispielsweise die passenden Medien fehlen.

Bevor Sie sich auf die Suche nach interessanten Medienkontakten begeben, überlegen Sie bitte folgendes:

Wen wollen Sie mit Ihrer Botschaft erreichen?

Die erste wichtige Frage, die Sie sich beim Aufbau Ihres Presseverteilers stellen sollten, ist, welche Zielgruppe Sie mit Ihren Nachrichten erreichen wollen. Zählen Geschäftsführer, leitende Angestellte, Techniker oder Privatpersonen zu den anvisierten Adressaten?

Wenn Sie beispielsweise im Kunststoffbereich tätig sind und Branchenkollegen über ein Ereignis informieren möchten, könnte die Österreichische Kunststoff-Zeitschrift interessant sein. Wenn kleine und mittlere Unternehmen aus unterschiedlichen Branchen für Sie spannend sind, die Zeitung der Wirtschaftskammer. Zählen sportliche, gesundheitsorientierte Männer zu Ihrer Zielgruppe, wäre das Magazin „Men´s Health" eine Möglichkeit, oder wenn Sie Frauen erreichen wollen, die zahlreichen Frauenzeitschriften; auch jene der großen Lebensmittelketten.

Welche Medien kennen Sie bereits?

Erheben Sie nun, welche Medien von Ihnen bereits genutzt bzw. als interessant eingestuft werden. Starten Sie dazu eine Recherche in Ihrem Unternehmen und im privaten Umfeld:

- Welche Zeitungen, Zeitschriften, Magazine, Blogs, usw. werden von Ihnen und den Führungskräften in Ihrer Firma gelesen bzw. genutzt?

- Welche Zeitungen, Zeitschriften, Magazine, Blogs, usw. gehören zum unverzichtbaren Lesestoff in Ihrer Branche?

- Gehören Sie Netzwerken an, in denen Pressenachrichten kostenfrei veröffentlicht werden können? Wenn ja, welche sind das?

- Welche Zeitungen, Zeitschriften, Magazine, usw. erhalten Sie zuhause gratis?

- Wo informieren Sie sich über aktuelle Ereignisse aus der Region?

- Welche Fernseh- und Radiosender sind in Ihrer Nähe stationiert?

Notieren Sie alle Namen, die Ihnen aufgrund der oben gestellten Fragen einfallen, auf ein Blatt Papier (am besten im Querformat); wir benötigen diese **Liste** im nächsten Schritt für eine vertiefende Analyse. Falls Sie gern mit Excel arbeiten, könnten Sie die Namen auch gleich in eine Tabelle eintragen. Egal für welche Variante Sie sich auch entscheiden, verwenden Sie für jeden Namen eine eigene Zeile. Rechts davon werden später noch weitere Details ergänzt, sodass noch Platz für zusätzliche Spalten zur Verfügung stehen sollte.

Falls in Ihrem Unternehmen eine Datenbank nutzbar ist, in der Sie Ihre Pressekontakte eintragen könnten, warten Sie noch damit. Sollte sich im nächsten Schritt herausstellen, dass ein Medium nicht zu Ihren Kernmedien zählt, hätten Sie die Informationen umsonst erfasst.

Welche Medien gibt es noch?

Als nächstes gilt es zu überlegen, für welche Medien Ihre Pressemitteilungen noch in Frage kommen könnten. Die nachfolgende Übersicht zeigt Ihnen, dass es eine riesige Bandbreite an Möglichkeiten gibt, Pressebotschaften zu verbreiten:

<u>**Branchenbezogene Fachmedien**</u>

- **Branchenmedien:** Kunststoff Zeitung, Werben & Verkaufen, Billboard Magazin, usw.

- **Web-Portale:** alu-web.de, agrarheute.com, usw.

- **Presseportale:** agrar-presseportal.de, www.pressebox.de, usw.

- **Freie Journalisten und Pressebüros**

Wirtschaftsmedien

- **Wirtschaftspresse - Zeitungen:** Wirtschaftsblatt, Handelsblatt, Wall Street Journal, Financial Times, OÖ Wirtschaft, usw.

- **Wirtschaftspresse - Magazine:** Managermagazin, Format, trend, usw.

- **Allgemeine Presse mit Wirtschaftsteil**: Tageszeitungen, Wochenzeitungen, Monatszeitungen, usw.

- **Presse- und Nachrichtenagenturen:** newsaktuell.de, pressetext.com, ots.at, usw.

- **Kostenfreie Presseportale:** firmenpresse.de, offenes-presseportal.de, openPR.de, usw.

- **Fernsehen**: Internationale Sendungen (Galileo), regionale Sendungen (Oberösterreich heute), usw.

- **Freie Journalisten und Pressebüros**

Publikumsmedien

- **Allgemeine Presse:** Tageszeitungen, Wochenzeitungen, Monatszeitungen, usw.

- **Lokale Presse:** Bezirksblätter, Stadtmagazine, usw.

- **Fachmedien:** NEWS, Men´s Health, Essen und Trinken, Maxima, Schöner Wohnen, usw.

- **Online Portale:** Xing, Facebook, YouTube, Twitter, dieStandard.at, usw.

- **Fernsehen:** Internationale Sendungen (Galileo), Talkshows, regionale Sendungen (Oberösterreich heute), usw.

- **Radio:** Überregionale Sender (Ö3), regionale Sender (Life Radio), Mittagsjournal, usw.

Die angeführten Beispiele sollen Ihnen helfen, Medien zu finden, die in Ihrem Umfeld angesiedelt sind. Überlegen Sie, unter Umständen auch mit den Führungskräften Ihres Unternehmens, welche Zeitungen, Zeitschriften, usw. für eine Aufnahme in Ihren Presseverteiler in Betracht gezogen werden sollten.

Sobald Sie geeignete Nachrichtenträger identifiziert haben, ist es ratsam, diese in Ihre Liste aufzunehmen. Konzentrieren Sie sich hierbei auf jene Publikationen, die Ihnen bereits bekannt sind und/oder deren Bedeutung Sie für Ihr Unternehmen als (sehr) hoch einschätzen.

Meistens sind die bis jetzt entdeckten Medien die relevantesten und somit auch die wichtigsten, zumindest für den Start.

Sollten Sie dessen ungeachtet noch weitere Nachrichtenverwerter finden wollen, sind Ihnen verschiedene Online- und Printverzeichnisse dabei behilflich. Sie finden nachfolgend einige Anbieter, die praktische Informationen zur Verfügung stellen. Manche Services können kostenfrei genutzt werden, andere sind mit Gebühren verbunden.

Sehen wir sie uns genauer an:

Kostenfreie Online-Verzeichnisse:

www.bdzv.de/zeitungen-online/zeitungslandschaft: Hier finden Sie alle in Deutschland vertriebenen Zeitungen, und zwar nach Bundesländern sortiert. Neben dem Mediennamen werden der Verlag, die Webadresse und der Erscheinungsort angegeben, was für weiterführende Recherchen hilfreich ist.

www.presse-im-handel.de: Dieses für Deutschland geltende Portal bietet die praktische und zeitsparende Möglichkeit, nach Kategorien zu suchen, und zwar nach Zeitungen, Zeitschriften, fremdsprachiger Presse, Romane, Rätsel und Offertenblätter. Neben dem Namen des Mediums finden sich jeweils die Themenschwerpunkte und die Erscheinungshäufigkeit.

www.pressetext.com/produkte/receiver: Die Nachrichtenagentur pressetext.com nennt auf ihrer Website zahlreiche Medien aus den Bereichen Hightech, Medien, Business und Leben. Praktisch ist, dass gleich drei Länder abgedeckt werden, nämlich Österreich, Deutschland und die Schweiz. Die Einteilung nach Print-, Fernseh-, Radio- und Onlinebereich unterstützt das Finden geeigneter Medien.

Kostenpflichtige Online- und Print-Verzeichnisse (Stand Juli 2013):

www.journalistenindex.at: Die Daten von 12.950 Redakteuren in 2.900 Medien sind im österreichischen Journalisten-, Medien- und PR-Index zusammengefasst. Der Preis für das Handbuch inklusive Recherche-Zugang zum Onlineportal (für sechs Monate und zwei User) startet bei 195 Euro.

www.newsaktuell.de: Die Datenbank stellt über 100.000 Journalistenkontakte aus Österreich, Deutschland und der Schweiz zur Verfügung. Daten können exportiert und sofort für Anschreiben genutzt werden. Die Abrechnung erfolgt nach Adressen und startet bei 50 Cent pro Adresse (für eine einmalige Nutzung).

www.pressehandbuch.at: Die österreichische Medien- und Journalistendatenbank bündelt Daten aus 3.700 Medien und bietet diese sowohl online als auch in einer Printversion an. Die Daten werden mehrmals pro Jahr aktualisiert. Der Online-Zugang kostet mindestens 30 Euro pro Monat und User, und enthält auch die Printversion. Bindungsfristen müssen beachtet werden. Die Printversion kostet 100 Euro, exkl. Umsatzsteuer und Versand.

www.stamm.de/redaktionsadressen.ihtml: Die Stamm Verlag GmbH verwaltet über 100.000 Kontakte und Adressen von deutschsprachigen Medien. Die auf einer CD oder in einer Excel-Datei übermittelten Redaktionsadressen können mehrfach verwendet werden. Die Preisstaffelung beginnt bei 1,45 Euro je Adresse (bis 500 Adressen, exkl. Umsatzsteuer).

Medienanalyse: Relevanz vor Qualität und Qualität vor Quantität

Vor allem unerfahrene Presse- und Medienverantwortliche unterliegen oft dem Irrtum, dass hunderte von Medien in den Presseverteiler aufgenommen, und mit Pressemitteilungen versorgt werden sollten. Die Praxis zeigt, dass genau das Gegenteil Erfolg versprechender ist. Es gilt also: Weniger ist mehr!

Warum ist das so? Erinnern Sie sich, dass Publizisten jeden Tag viel mehr Pressemitteilungen erhalten, als sie verarbeiten können? Und dass die Zeit für die Erstellung von Artikeln meistens außerordentlich knapp ist? Wer stets in engen Zeitfenstern arbeiten muss ist bestrebt, seine Aufgaben so effizient wie möglich zu erledigen. Das gilt auch für Redakteure.

Wenn Medienverantwortliche dieses Wissen aufgreifen, professionell agieren und Publizisten genau das liefern, was sie sich wünschen (nämlich optimal aufbereitete Presseinformationen mit sofort verwertbaren Fotos), kann sich die Zeitnot in den Redaktionen zu einem Vorteil für den Presseverantwortlichen verwandeln: Hat man sich den Ruf aufgebaut, dass Pressetexte einem hohen journalistischem Niveau entsprechen und Artikel in der Regel ohne große Verzögerungen erstellt werden können, ist dies für zukünftige Berichterstattungen mit Sicherheit von Vorteil.

Das bedeutet für Sie:

Senden Sie Redaktionen nur jene Pressemeldungen, die für die Journalisten interessant sind. Sparen Sie sich den Versand von Pressetexten, die das Themenspektrum des Nachrichtenträgers nicht zu 100 Prozent abdecken. Damit Sie zwischen „relevant" und „nicht relevant" unterscheiden können, müssen Sie genau wissen, worüber welches Medium berichtet. Dieses Wissen erlangen Sie nur über eine umfassende Medienanalyse, sofern Sie die Zeitung, Zeitschrift, usw. nicht ohnehin schon regelmäßig nutzen.

Da es schier unmöglich ist, jedes Medium bis ins kleinste Detail zu kennen, macht es Sinn, sich auf wenige Nachrichtenträger zu konzentrieren. In der Regel sind es jene, die bei Ihnen bereits im Einsatz sind, etwa im beruflichen Kontext (Fachmagazine, Branchenblätter, Wirtschaftspresse, usw.) oder im privaten Umfeld (Tageszeitung, Bezirksblatt, usw.).

Wie wird eine Medienanalyse durchgeführt?

Wie bereits erwähnt, macht es Sinn, die Medienanalyse mit jenen Medien zu starten, die Sie bereits nutzen und/oder Ihnen als besonders relevant erscheinen.

Im ersten Schritt ermitteln Sie die **Charakteristik eines Mediums**: Im Impressum und in den Mediadaten finden Sie mit Sicherheit den Hinweis, wer zur Zielgruppe zählt und worüber in der Regel berichtet wird. Diese Information benötigen Sie um festzustellen, ob die Zielrichtung des Mediums mit Ihren Rahmenbedingungen (Unternehmensgröße, Schwerpunkte, Projekte, Themen, usw.) übereinstimmt. Nur wenn dies gegeben ist macht es Sinn, Ihre Pressemitteilungen an diesen Nachrichtenträger zu senden. Ist keine Übereinstimmung gegeben (etwa weil hauptsächlich über Großunternehmen berichtet wird und Ihr Unternehmen zur Gruppe der kleinen und mittleren Unternehmen zählt), können Sie das Blatt beiseite legen und eine weitere Bearbeitung vernachlässigen. Denn Ihre Medienanalyse wird nur mit jenen Medien fortgesetzt, die nach dieser ersten Prüfung noch im Rennen sind.

Nun ist es wichtig, ein noch genaueres Bild über die einzelnen Medien zu gewinnen. Hierfür benötigen Sie Ihre Liste, in die Sie bereits die Namen diverser Zeitungen, Zeitschriften, Fachblätter, usw. eingetragen haben. Bevor Sie mit der Analyse starten, fügen Sie neben der Spalte mit dem Mediennamen noch vier weitere hinzu (drei ergänzende Fragen können auch zu einem späteren Zeitpunkt bearbeitet werden). Jede Spalte ist für die Antworten der nachfolgenden Fragen reserviert.

Tipp: Wenn Sie die Spalten durchnummerieren, helfen Ihnen die Ziffern vor den Fragen, die Antwort in die richtige Spalte einzutragen.

Blättern Sie nun das erste Medium durch und versuchen Sie, Antworten auf die unten angeführten Fragen zu finden. Damit Sie anschließend Ihre Top-Medien identifizieren können, empfiehlt es sich, die Antworten einzutragen **und** zu bewerten, zB anhand des **Schulnotensystems** (eine Eins entspricht einem „Sehr gut", eine Fünf einem „Nicht genügend"). Am Schluss zählen jene Nachrichtenträger zu den Gewinnern, die in der Quersumme die wenigsten Punkte aufweisen.

(1) Zu welcher Produktgattung zählt das Medium?

Unterscheiden Sie zuerst zwischen Fach-, Wirtschafts- und Publikumsmedien (für Ausnahmefälle gilt noch die Kategorie „Sonstige") und ergänzen Sie zusätzlich die Information, ob ein **regionaler** (zB Oberösterreich), **überregionaler** (zB Österreich) oder **internationaler Regionalitätsgrad** (zB deutschsprachiger Raum) verfolgt wird.

Die nachfolgenden Beispiele helfen Ihnen bei der Zuteilung Ihrer Nachrichtenträger:

Fachmedien

(a) **Branchenbezug - regionaler bis internationaler Fokus,** zB Österreichische Kunststoffzeitschrift, Billboard Magazin, Werben & Verkaufen, pressebox.de

(b) **Publikumsbezug - regionaler bis internationaler Fokus,** zB Men´s Health, Schöner Wohnen, Essen und Trinken, woman

Wirtschaftsmedien

(a) **Überregionaler Fokus,** zB Wirtschaftsblatt, Format, pressetext.com

(b) **Regionaler Fokus,** zB Salzburger Wirtschaft

Publikumsmedien

(a) **Überregionaler Fokus,** zB Kronen Zeitung, Österreich, Heute

(b) **Regionaler Fokus,** zB Oberösterreichische Nachrichten, Die Oberösterreicherin

(c) **Lokaler Fokus,** zB Bezirksblatt, Gemeindezeitung, Stadtmagazine

Sonstige

Bitte ordnen Sie jedes Medium nur einer Kategorie zu.

(2) Worüber wird in diesem Medium berichtet?

Welche **Ressorts** (Wirtschaft, Branchen, Politik, usw.), **Fachbereiche** (Verkehr, Handel, Produktion, usw.) und/oder **Themen** (Veranstaltungen, Ehrungen, usw.) gibt es? Wie wird das Medium **gegliedert** bzw. eingeteilt?

Notieren Sie in Ihrer Liste die wichtigsten Themenfelder. Versuchen Sie, die Themen des Mediums mit jenen Ihrer zukünftigen Pressemitteilungen abzustimmen und mittels Schulnotensystem zu bewerten. Wenn Sie glauben, dass Ihre Themen sehr gut mit den Inhalten des Mediums harmonieren, geben Sie eine „1", wenn sie kaum eine Übereinstimmung feststellen, vergeben Sie eine „5".

(3) Wie lange sind die Berichterstattungen?

Analysieren Sie die Länge der Beiträge, ob diese wenige Zeilen, eine Spalte, eine halbe Seite oder mehrere Seiten umfassen. Bevorzugen Sie Medien, die ausführliche Berichterstattungen liefern. Denn: Je mehr Text untergebracht werden kann, desto besser können Sie Ihre Inhalte transportieren.

Beurteilen Sie Ihre Einschätzung wieder anhand des Schulnotensystems, eine „1" steht für sehr lange Berichterstattungen (zB eine ganze Seite und mehr), eine „5" für sehr kurze Artikel (nur wenige Zeilen).

(4) Wie viele Fotos werden pro Bericht eingesetzt?

Je mehr Fotos verwendet werden, desto besser. Denn Fotos gelten allgemein als Eyecatcher, die die Aufmerksamkeit auf sich ziehen. Außerdem verlängern sie die Beiträge – und längeren Artikeln wird oft mehr Bedeutung zugesprochen als kürzeren.

Auch für diesen Punkt ist Ihre Bewertung wichtig. Vergeben Sie beispielsweise eine „1", wenn in vielen Beiträgen zwei oder mehr Bilder vorzufinden sind und eine „5", wenn kaum Fotos eingesetzt werden.

Die nachfolgenden Fragen können, müssen jedoch nicht sofort ausgewertet werden. Die Recherche bezüglich der Auflage ist etwa erst dann notwendig, wenn die Information für eine Medienresonanzanalyse benötigt wird (außer Sie nehmen die Höhe der Auflage auch in Ihren Pressespiegel auf, aber selbst dann ist es ausreichend, den Wert erst nach der ersten Berichterstattung zu erheben). Sofern Sie nicht sofort eine Presseaussendung planen, kann es zielführend sein, mit der Erhebung der Redakteure so lange zu warten, bis das Thema des Pressetextes feststeht. So ist sichergestellt, dass die Kontaktdaten auf jeden Fall richtig sind. Die Ermittlung des Redaktionsschlusses ist relevant, wenn Sie kurzfristig eine Presseaktion starten, und hierbei auch Monats- und/oder Quartalsmedien einbinden wollen.

Kommen wir nun zu den noch offenen Fragen:

(5) Wie hoch ist die Auflage?

Die Information über die Auflagenhöhe finden Sie in der Regel im Impressum, ansonsten in den Mediadaten. Lassen Sie sich nicht von hohen Auflagenzahlen blenden und setzen Sie auch auf Medien, die eine geringere Auflage aufweisen, wie zB Fachmedien.

(6) Welcher Redakteur ist für welches Thema zuständig?

Wie lauten die Namen und die Mailadressen? Bei manchen Artikeln werden die Verfasser angegeben, ansonsten finden Sie diese im Impressum oder auf der Website des Mediums.

(7) Wann ist der Redaktionsschluss?

Bis wann müssen Texte geliefert werden, damit sie in einer bestimmten Ausgabe berücksichtigt werden können? Der Redaktionsschluss ist vor allem bei Wochen-, Monats- und Quartalsmedien wichtig, denn bei Tagesmedien gilt ohnehin: Die Ablieferung des Textes ist so schnell wie möglich nötig, denn Aktualität ist das oberste Gebot.

Bleiben Fragen unbeantwortet, erkundigen Sie sich im Sekretariat der Redaktion. So können Sie fehlende Daten rasch eruieren und in Ihren Aufzeichnungen ergänzen.

Ermittlung der relevantesten Medien

Anschließend sollten auch die anderen Medien, die noch auf Ihrer Liste stehen, den vorhin beschriebenen Analyseprozess durchlaufen. Wenn Sie damit fertig sind und alle Einzelheiten bewertet wurden, ermitteln Sie für jede Zeile die Quersumme. Sortieren Sie diese und beginnen Sie Ihre Auflistung mit jenem Medium, das die wenigsten Punkte erreicht hat (bei Excel wäre das „aufsteigend nach Größe sortieren"). Mit dieser Vorgehensweise identifizieren Sie ohne großen Aufwand Ihre TOP-Medien - es sind jene Nachrichtenträger, die auf Ihrer Liste ganz oben stehen.

Diese Medien charakterisieren sich dadurch, dass …

... Ihre **zukünftigen Themen** gut mit den **bisherigen Bericht-erstattungen** des Mediums übereinstimmen.

... die **Artikel ausreichend lange** sind, um Ihre Inhalte gut transportieren zu können.

... im Idealfall **mindestens ein Foto** verwendet wird.

... die Medien Ihre **Zielgruppe** erreichen.

Die Redakteure Ihrer TOP-Medien sollten Sie in Zukunft besonders im Auge behalten und regelmäßig mit Informationen versorgen.

Tipp: Alle Medien, die Ihre Medienanalyse erfolgreich abgeschlossen haben, können nun in einer Datenbank oder in einem Tabellenverarbeitungsprogramm erfasst werden. Das macht selbst bei einem sehr kleinen Verteiler Sinn, in dem sich zu Beginn nur wenige Adressen befinden. Sie werden feststellen, dass Ihr Presseverteiler nach und nach wächst

Zum Schreiben einer Pressemitteilung

Bevor Sie mit dem Schreiben Ihres Pressetexts beginnen, ist es ratsam zu überlegen, welche Zielgruppe Sie mit der Pressemitteilung erreichen wollen und welche Medien dafür am besten geeignet sind.

Unter Umständen hat die Medienauswahl zur Folge, dass Sie für ein und dasselbe Thema mehrere Pressetexte verfassen müssen. Das ist etwa dann der Fall, wenn Sie eine Information an eine Tageszeitung, und ein weiteres Mal an ein Fachmedium senden wollen. Da die beiden Mediengattungen unterschiedliche Schreibstile verfolgen (zB bei Fachbeiträgen), müssen auch die Pressemitteilungen verschieden verfasst, und an das Verständnis der Leserschaft angepasst sein.

Sobald geklärt ist, welches Medium eine Presseinformation erhalten soll, können die inhaltlichen Schwerpunkte festgelegt werden. Das gelingt am besten mit einer stichwortartigen Zusammenfassung.

Im vorangegangenen Kapitel haben wir damit bereits begonnen und Folgendes für einen „Tag der offenen Tür" notiert:

- **Hauptthema bzw. Ereignis:** „Tag der offenen Tür"

- **Wichtigste Bausteine:** Mitarbeiter stellen neue Entwicklungen vor, ein Kunde berichtet über seine Erfahrungen mit einem Produkt, Besucher können Produkte ausprobieren, Führungen erlauben den Zugang zu sonst verschlossenen Laboren und last but not least sorgen kulinarische Köstlichkeiten für das leibliche Wohl

Nach der Erstellung eines Grobkonzepts sind Sie gut für den nächsten Schritt, das Verfassen des Pressetextes, vorbereitet.

Bei der Erstellung von Presseinformationen können sich Fehler einschleichen, die grundsätzlich vermieden werden sollten. Denn letztendlich geht es nicht nur um eine korrekte Rechtschreibung, sondern auch um die Berücksichtigung von inhaltlichen, formalen und stilistischen Kriterien.

Tipp: Die nachfolgenden Seiten zeigen eine Fülle an wichtigen Elementen auf. Damit Sie von Anfang an alle zentralen Aspekte berücksichtigen, finden Sie am Ende dieses Buches zahlreiche Checklisten. Diese helfen Ihnen, Ihren Pressetext auf seine Korrektheit zu überprüfen und gegebenenfalls zu optimieren.

Inhaltlicher Aufbau von Pressetexten

Die erste Regel lautet: Die Presseinformation muss einem **genauen inhaltlichen Aufbau** folgen. Demnach ist es wichtig, dass zuerst das Highlight präsentiert wird, dann **nähere Details** folgen und sich zuletzt noch erklärende **Einzelheiten** anschließen. Für das Verständnis des Lesers (bzw. des Redakteurs) müsste es reichen, würde er nur den ersten Absatz lesen. Jede Information, die im zweiten Absatz oder später folgt, dient nur noch der Erläuterung bzw. zum besseren Verständnis.

Achten Sie darauf, dass Ihre Ausführungen so formuliert sind, dass sie auch ein **Nicht-Experte** verstehen und interpretieren kann. Sprechen Sie die wichtigsten Punkte an und erklären Sie diese ausreichend - und vermeiden Sie so Missverständnisse. Da Sie erst nach einer Berichterstattung erfahren, wie ein Redakteur Ihren Text verstanden hat, können Sie eine falsche Interpretation im Vorfeld nicht korrigieren.

Um eine korrekte Berichterstattung zu unterstützen, ist es gerade zu Beginn einer Pressekarriere ratsam, einer unbeteiligten Person den Pressetext zu zeigen und **Feedback** einzuholen. Geht die inhaltliche Rückmeldung in die anvisierte Richtung, könnte der Pressetext an die Medien versendet werden. Falls dem nicht so ist, sollte dieser korrigiert und präziser formuliert werden.

Geben Sie Ihren Ausführungen einen persönlichen Touch und lassen Sie (bedeutende) Personen zu Wort kommen. Geben Sie bei jedem **Zitat** an, wer was gesagt hat, und bei jeder ersten Stellungnahme, welche Funktion der Zitierte in dem Unternehmen einnimmt.

Versehen Sie Ihren Pressetext mit **vielen Verben** und **wenig Hauptwörtern,** Ihr Text wirkt dadurch aktiver. Ein Verb (oder auch „Zeitwort") drückt eine Tätigkeit, ein Geschehen oder einen Zustand aus und umfasst Wörter wie gehen, laufen oder hören (sog. „Tun-Wörter"); Verben werden immer klein geschrieben. Das Hauptwort (auch „Substantiv" oder „Dingwort" genannt) dient zB zur Andeutung eines Lebewesens, eines Gegenstands oder einer Sache; Beispiele dafür sind Haus, Auto oder Zeitung. Hauptwörter beginnen immer mit einem Großbuchstaben.

Das Verfassen von Pressetexten erfordert unglaubliches Fingerspitzengefühl: Auf der einen Seite müssen Sie es schaffen, rasch Interesse für Ihr Thema zu wecken, und auf der anderen Seite darf der Text **nicht zu werblich** sein. Sie erreichen dies, indem Sie auf leere Worthülsen, subjektive Kommentare, Übertreibungen und Bewertungen verzichten. Und bleiben Sie immer bei der Wahrheit: Liefern Sie sachliche Argumente, belegbare Zahlen und sichern Sie Ihre Argumente mit nachweisbaren Beispielen ab.

Mit **Ausnahme Ihres Firmennamens** sollten Sie **Wortwiederholungen** vermeiden. Im Internet gibt es einige hilfreiche Portale, die Ihnen Synonyme für mehrfach verwendete Begriffe vorschlagen: Recht praktisch sind etwa die Homepages www.wie-sagt-man-noch.de oder synonyme.woxikon.de.

Ihr **Firmenname** sollte in jedem Absatz ein Mal vorkommen. In den ersten Absätzen (welche die wichtigsten einer Presseinformation sind) setzen Sie Ihren Firmennamen am besten an den Absatzanfang, danach können Sie ihn an unterschiedlichen Positionen platzieren.

Zuletzt kommen wir zu einem Fehler, der vor allem bei unerfahrenen Presseleuten häufig vorkommt: Es werden zu viele, meist verschiedene Themen in eine Pressemitteilung aufgenommen. Das bewirkt, dass die Hauptbotschaft verwässert, und somit unklar wird. Weil Unklarheit fast immer zu Verwirrung führt, und dessen Auflösung in der Regel viel Zeit kostet, veranlasst das nicht wenige Publizisten, einen Pressetext zu löschen. Achten Sie daher darauf, dass Sie **jedem Ereignis** eine **eigene Pressemitteilung** widmen.

Um Unklarheiten zu vermeiden und eine gute Lesbarkeit sicherzustellen, gilt es, einige Regeln zu berücksichtigen - Sie erfahren diese in den nächsten Kapiteln.

Stilistische Regeln und journalistische Feinheiten

Wenn Sie Zeitungen, Zeitschriften, Magazine, usw. betrachten, wird Ihnen auffallen, dass sich die dort verwendeten Schreibweisen von denen im Alltagsgebrauch unterscheiden. In vielen Publikationen lesen Sie etwa von „x Prozent" statt von „x%". „Prozent" wird also ausgeschrieben (wie viele andere Worte auch), anstatt es mit einem Prozentzeichen zu versehen.

Um Redakteuren einen größtmöglichen Service zu bieten, empfiehlt es sich, stilistische Regeln und journalistische Feinheiten zu berücksichtigen. Demnach sollten folgende Punkte beachtet werden:

Stilistische Regeln

- Formulieren Sie **kurze, einfache Sätze** mit maximal 15 Worten

- Schreiben Sie **Zahlen bis zwölf** aus (eins bis zwölf) statt 1 – 12

- Stellen Sie **Zahlen ab 13** in Ziffern dar (13, 14, 15, etc.) statt dreizehn, vierzehn, usw.

- **Sparen Sie mit Formatierungen** und verzichten Sie im Fließtext auf fett oder kursiv markierte Worte, sie sollten auch nicht unterstrichen sein

- **Vermeiden Sie Füllwörter** (wie übrigens, allerdings, eigentlich, offenbar), **Ausrufungs- und Fragezeichen** (!, ?) sowie GROSSBUCHSTABEN

Journalistische Feinheiten

- Verfassen Sie die Pressemitteilung im **Präsens**, also in der **Gegenwartsform** (Beispiel: XY ist Weltmarktführer bei Hochdruckmaschinen)

- Verwenden Sie die **Erzählform (Firma XY)** statt ich, du, er, sie, es, wir, ihr, sie

- Lassen Sie in Pressemitteilungen das „**Herr**" oder „**Frau**" weg: Susanne Maier statt Frau Susanne Maier

- In öffentlichen Medien wird **nicht „gegendert"**: Berichten Sie von Kunden statt von KundInnen

- Nennen Sie **akademische Grade** (Dr., Mag., Ing., usw.) nur bei der **ersten Namensnennung**

- **Streichen Sie Superlative** aus Ihrem Text (darunter versteht man den höchsten Steigerungsgrad von Eigenschaftswörtern, zB schön – schöner – am schönsten; hier ist *am schönsten* der Superlativ)

- Verzichten Sie auf **inflationär gebrauchte Begriffe**, wie innovativ, effizient, kompetent oder nachhaltig

- Korrigieren Sie **Wörter, die mit -ung, -keit oder -heit** enden, sie können meistens durch ein Verb ersetzt werden

- Seien Sie präzise bei **Zeitangaben**: Am Montag statt Heute

- Verzichten Sie auf **Abkürzungen**. Beispiele dafür sind

  - **Fünf Prozent** statt 5%

  - **14. September 2013** statt 14.09.2013

  - **17 Euro** statt EUR 17

  - **Millionen** statt Mio.

  - **Milliarden** statt Mrd.

  - **Kilometer** statt km

Sie haben nun viele Punkte kennengelernt, die Ihnen bei der Formulierung von mediengerechten Pressemitteilungen behilflich sind. Auf den nächsten Seiten beleuchten wir, was es hinsichtlich des Layouts zu berücksichtigen gilt.

Zum Layout von Pressemitteilungen

In diesem Kapitel erfahren Sie, wie Pressemitteilungen gestaltet sein sollten, damit sie den Anforderungen von Medienleuten in hohem Ausmaß entsprechen. Im Grunde genommen sind es nur wenige Aspekte, die dabei zu berücksichtigen sind:

- Setzen Sie auf das **klassische A4 Format** mit weißer Hintergrundfarbe

- Benutzen Sie eine **gut lesbare Schrift** mit einer Schriftgröße von mindestens **11 pt**

- Packen Sie jeden neuen Gedanken in einen **eigenen Absatz**, der Text wird dadurch übersichtlicher und leichter lesbar

- Nutzen Sie **Zwischenüberschriften**, um den Text inhaltlich und optisch zu gliedern

- Die Presseinformation sollte **max. zwei A4-Seiten** lang sein

Viele Firmen verwenden für Pressemitteilungen eigene Formatvorlagen. Diese charakterisieren sich häufig dadurch, dass sie im Kopfbereich **keine firmenspezifischen Angaben** (wie zB den Firmennamen, die Anschrift, Kontaktdaten, usw.) enthalten, sondern nur das **Firmenlogo** eingesetzt wird.

An dieser Stelle macht es Sinn, alle bis jetzt genannten Bausteine zusammenzufassen und in unser Fallbeispiel, dem „Tag der offenen Tür", überzuführen. Wie Sie nachfolgend erkennen können, hat sich dieses mittlerweile zu einem recht umfassenden Grobkonzept entwickelt:

Hauptthema bzw. Ereignis: „Tag der offenen Tür"

Zusammenfassung aller Details im ersten Absatz

Baustein A: Mitarbeiter stellen neue Entwicklungen vor
Absatzüberschrift: Mitarbeiter stellen neue Entwicklungen vor

Baustein B: Ein Kunde berichtet über seine Erfahrungen mit einem Produkt
Absatzüberschrift: Beispiel aus der Praxis: Firma XY berichtet über Erfahrungen und Erfolge

Baustein C: Es können Produkte ausprobiert werden
Absatzüberschrift: Probieren geht über studieren: Produkte zum Angreifen

Baustein D: Führungen erlauben den Zugang in die Labore
Absatzüberschrift: Geheime Türe öffnen sich: Führungen in die Labore

Baustein E: Kulinarische Köstlichkeiten sorgen für das leibliche Wohl
Absatzüberschrift: Auch für das leibliche Wohl ist gesorgt

Auf den letzten Seiten haben wir uns angesehen, wie ein Text gegliedert sein sollte. Im nächsten Kapitel lernen Sie noch weitere Komponenten kennen, die Ihre Presseinformation perfektionieren. Denn der Pressetext allein (so wie wir ihn bis jetzt besprochen haben), macht noch keine vollständige Pressebotschaft; es sind noch weitere Informationen nötig. Welche das sind, erfahren Sie gleich.

Bestandteile einer Pressemitteilung

Nachdem Sie die inhaltlichen, formalen und stilistischen Kriterien kennengelernt haben, widmen wir uns nun dem normierten Aufbau einer Pressemitteilung. Sie werden feststellen, dass neben den Informationen in Ihrem Pressetext noch weitere Ergänzungen notwendig sind, wie zB eine knappe, aber präzise Unternehmensbeschreibung. Außerdem ist es erforderlich, verschiedene Angaben zu den mitgesendeten Fotos zu liefern, damit diese rechtmäßig verarbeitet werden können.

Die nachfolgende Auflistung zeigt Ihnen, welche Information auf welcher Position platziert sein muss:

1. **Firmenlogo, Datum** und **Nachrichtentypus**

2. Eine **aussagekräftige Überschrift**

3. Der **erste Absatz** zur Beantwortung der „W-Fragen"

4. Ein in vertiefende Absätze **gegliederter Lauftext** mit weiteren Einzelheiten und Details

5. Eine abschließende **Unternehmensbeschreibung** mit Angaben zum Versender

6. Der für die **Medien zuständige Ansprechpartner**

7. **Bildlegenden** und Informationen zu den **Bildrechten**

Gehen wir nun ins Detail und beleuchten wir die einzelnen Bausteine:

(1) Firmenlogo, Datum und Nachrichtentypus

Im oberen Teil jeder Pressemeldung finden sich das Firmenlogo und das Datum, an dem der Pressetext verfasst wurde (man könnte auch das Datum des Versands eintragen). Darunter folgt, um den Nachrichtentypus anzugeben, das Wort „Pressemitteilung" oder „Medieninformation".

Da das Zentrieren von Worten grundsächlich unerwünscht ist, sind die Bezeichnungen meistens am linken oder rechten Rand platziert (zB Logo links oben, Datum rechts außen auf Ebene des Logos, das Wort „Pressemitteilung" oder „Medieninformation" unterhalb des Logos, meistens linksbündig).

(2) Eine aussagekräftige Überschrift

Da in den Redaktionen Tag für Tag wesentlich mehr Pressebotschaften eintreffen als verarbeitet werden können, entscheiden Publizisten schon häufig anhand der Überschrift, ob eine Nachricht verarbeitet wird oder nicht. Oft geben sie jenen Pressetexten den Vorrang, die journalistischen Anforderungen am ehesten entsprechen.

Was können Sie tun, damit Ihre Überschrift die geforderte Professionalität ausstrahlt, Interesse weckt und Lust zum Weiterlesen erzeugt? Es gibt einige Tipps, wie Sie das erreichen können:

- Die Überschrift sollte **so präzise wie möglich** beschreiben, worum es in der Pressemitteilung geht

- Verwenden Sie in der Überschrift keine **Formulierungen** wie **„Neue Produktionshalle", „Preis gewonnen"** oder **„Neuer Kunde"**. Derartige Aussagen lassen zwar eine grobe Einschätzung auf den Inhalt zu, wecken aber kaum das Interesse weiterzulesen

- Verzichten Sie im Betreff auf das Wort **„Wichtig"**, es fördert negative Assoziationen

- Setzen Sie auf **bildhafte und einfache Worte**: Formulieren Sie lieber kurz und präzise, als missverständlich und langatmig

- Verwenden Sie in der Überschrift **keine Frage- oder Ausrufezeichen**, es ist auch **kein Punkt** notwendig

- Verzichten Sie auf **akademische Titel oder Abkürzungen**

- Achten Sie darauf, dass die Überschrift aus **max. 50 Zeichen** besteht (inkl. Leerzeichen)

Zur Formulierung erfolgreicher Überschriften

Es gibt einen Trick, mit dem man eine Überschrift formulieren kann, in der alles enthalten ist:

- Schreiben Sie zuerst den **Firmennamen**

- Dann versuchen Sie, das Kernthema der Pressemitteilung in **möglichst wenige Worte** zu fassen

- Schreiben Sie die Worte neben Ihren Firmennamen und versuchen Sie, die Lücke dazwischen zu schließen bzw. eine Botschaft zu entwickeln. Formulieren Sie keinen ganzen Satz, sondern nur ein **stichwortartiges Resümee**

- Zählen Sie die Worte Ihrer Zusammenfassung. Kommen mehr als sieben Worte zum Einsatz, kürzen Sie die Überschrift. Das ist auch dann notwendig, wenn Ihr Firmenname aus vielen Buchstaben oder mehreren Worten besteht

- Weil Sie **keinen ganzen Satz** formulieren, braucht es am Ende kein Satzzeichen

Beispiele aus der Praxis

Damit Sie sich ein Bild über gut formulierte Überschriften machen können, finden Sie nachfolgend einige Beispiele, die in ähnlicher Form publiziert wurden:

- Kurt Maier: IT-Service für KMUs

- Oliver Baumann: Zubehör für den Maler

- Petersen punktet mit Werkzeugbau und Kunststoff

- Brauerei Neumann setzte 950 Millionen Krügerl ab

- Oberhuber baut neue Testanlage in Linz

Tipp: Weitere Beispiele finden Sie, wenn Sie bei Ihnen aufliegende Medien zur Hand nehmen und durchblättern. Sie könnten zB auf jene Publikationen zurückgreifen, die Sie bereits bei Ihrer Medienanalyse genutzt haben.

Zur Formatierung der Überschrift

Um dem Leser einen **guten Überblick,** bzw. einen **raschen Einstieg** in Ihr Thema zu ermöglichen, ist es sinnvoll dafür zu sorgen, dass sich die Überschrift vom weiteren Fließtext abhebt. Vergrößern Sie dazu die **Schriftgröße,** zB auf **12 oder 13 Punkte,** markieren Sie die Überschrift **fett** und stellen Sie sie an den **linken Rand.** Verzichten Sie auf weitere Formatierungen (wie zB zentrieren oder unterstreichen), sie sind in der Pressearbeit unerwünscht.

Falls Sie in der Hauptüberschrift nicht alle wichtigen Details unterbringen, ist es erlaubt, einen **Untertitel** („2. Überschrift") einzufügen. Dieser sollte nicht zu lang sein und maximal 14 Worte umfassen. Widmen Sie auch der zweiten Überschrift eine fette Formatierung und verwenden Sie die gleiche Schriftgröße wie bei Ihrem allgemeinen Fließtext.

(3) Der erste Absatz zur Beantwortung der „W-Fragen"

Der erste Absatz einer Presseinformation muss genauso spannend formuliert sein wie die Überschrift, nur dann macht er Lust, den gesamten Text zu lesen.

Grundsätzlich folgen Pressemitteilungen dem **„Prinzip der abnehmenden Wichtigkeit".** Das bedeutet, dass zu Beginn des Textes die wichtigste Information zu finden ist. In der Textmitte finden sich weitere, nicht mehr so bedeutende Informationen, am Schluss dient der Text nur noch dem besseren Verständnis (die Wichtigkeit ist also niedrig).

Grafisch dargestellt kann man sich eine **umgekehrte Pyramide** vorstellen: Die Spitze, die üblicherweise schmal und eng ist und auf einer breiten Basis ruht, wird dabei umgedreht. Somit ist der obere Teil der Pyramide breit, und der Boden spitz. Diese Form der Darstellung hilft zu erklären, welche Information an welcher Stelle positioniert sein sollte. Stellen Sie sich nun vor, dass sich die umgedrehte Pyramide aus vier Schichten zusammensetzt:

Die **erste**, oberste und damit breiteste **Schicht** (diese wird verdeutlicht als erster Absatz nach der Überschrift) dient dem Einstieg und zur Klärung der wesentlichsten Inhalte: Sie enthält den **Kern der Nachricht**, die **näheren Umstände,** und gegebenenfalls die **Quelle**. Sie bildet neben der Überschrift den zweiten erfolgskritischen Baustein eines Pressetextes, anhand dessen ein Redakteur entscheidet, ob er weiterliest oder den Text verwirft. Die Bedeutung des ersten Absatzes bzw. seines Inhaltes wird anhand seiner Fläche sichtbar: Da die erste Schicht die **größte Fläche** einnimmt, muss hier auch die **wichtigste Information** platziert sein.

Die **zweite Schicht** (welche den folgenden zwei bis drei Absätzen entspricht) beinhaltet **wichtige Einzelheiten,** im Idealfall **ein Zitat,** und eventuell **die Vorgeschichte**.

Die **dritte Schicht** beleuchtet weitere **Details** und **Hintergründe**.

Die **vierte und damit unterste Schicht** (im Grunde genommen nur noch ein auf den Kopf gestelltes Dreieck), liefert abschließende **Informationen zum Versender**. Da diese Schicht die kleinste Fläche einnimmt, ist hier auch der Wichtigkeitsgrad der Information am geringsten.

Was sollte besonders beachtet werden?

Wie oben bereits erwähnt, gilt für den ersten Absatz die Bedeutendste aller Regeln: **Das Wichtigste steht am Beginn.** Die nachfolgend beschriebene Vorgehensweise hilft Ihnen, diese Vorgabe professionell umzusetzen:

Gehen Sie zuerst auf **das Kernthema** Ihrer Presseinformation ein und beschreiben Sie dieses so präzise wie möglich, im Idealfall in einem einzigen Satz. In den folgenden Ausführungen fassen Sie die **Begleitumstände** zusammen, erklären und ergänzen Sie das Kernthema. Versuchen Sie, knapp aber inhaltsreich zu informieren.

Der **erste Absatz** sollte aus **maximal sieben Sätzen** bestehen. Diese Anforderung verdeutlicht, dass Pressearbeit mit der Verdichtung von relevanten Informationen zu tun hat: Sie müssen es schaffen, mit wenigen Sätzen viel auszusagen. Und Missverständnisse zu vermeiden. Die Frage ist: Wie kann man das bewerkstelligen?

Es gibt eine einfache Antwort darauf: **Beantworten Sie die sog. „W"-Fragen.** Das sind Fragen, die mit einem „W" beginnen, wie zB Wer? Was? Wie? Wann? Wo? Für wen? Warum?

Eine Hilfestellung zur Formulierung des ersten Absatzes liefern die nachfolgenden Fragen, die allesamt auf die Beantwortung der **„W"-Fragen** abstellen. Der Vorteil dieser Vorgehensweise ist, dass Sie Ihre wichtigsten Aussagen genau dort platzieren, wo sie hingehören:

- **Wer** macht **was?** (Was ist die Hauptaussage, das Kernthema - **in einem Satz zusammengefasst**?)

- **Wie, wann** und **wo** findet/fand das Ereignis statt und **für wen** ist/war das interessant? **Warum** ist das Thema wichtig? (Welche näheren Umstände begleiten bzw. unterstützen die Hauptaussage bzw. das Kernthema? Für diese Antworten sollten **maximal fünf Sätze** nötig sein)

Wichtig ist, dass der erste Absatz etwa **95 Prozent des gesamten Informationsgehaltes** abdeckt. Solange dies nicht erfüllt ist, gilt es, weitere bedeutende Elemente in den Einleitungstext aufzunehmen. Dies ist oft gar nicht so einfach, zumal auch die Zahl „sieben" berücksichtigt werden muss: Insgesamt sollte der erste Absatz nicht mehr als sieben Sätze umfassen.

Tipp: Verzichten Sie auf übertriebene, zu werbliche Formulierungen und achten Sie auf kurze, leicht verständliche Sätze.

Die Ideallänge eines Satzes liegt bei 13 bis 15 Worten, bei 20 Worten muss auf jeden Fall Schluss sein.

(4) Ein in Absätze gegliederter Fließtext

Nachdem Sie im ersten Absatz alle wichtigen Aspekte zusammengefasst haben, verdichten Sie diese im nachfolgenden Fließtext. Überlegen Sie, welche Informationen, Daten und Argumente hilfreich sind, um ein besseres Verständnis für Ihr Thema zu erreichen.

Bitte erinnern Sie sich noch einmal an das **„Prinzip der abnehmenden Wichtigkeit"**: Starten Sie mit den wichtigsten Informationen, kommen Sie dann zu den mittelmäßig bedeutenden Einzelheiten und am Schluss zu nicht mehr so wichtigen Ergänzungen.

In Grobkonzepten hat diese Vorgabe häufig zur Folge, dass die Bausteine bewertet und aufgrund der **Priorisierung nach Wichtigkeit** neu gereiht werden: Aspekte, die (aus der Sicht des Lesers) als besonders wichtig betrachtet werden, wandern in ihrer Position nach oben. Sachverhalte, die das Thema abrunden, aber nicht von entscheidender Bedeutung sind (wie zB kulinarische Köstlichkeiten bei einer Veranstaltung) verschieben sich nach unten.

Auch in unserem Grobkonzept ergibt sich damit eine Änderung: Weil Führungen möglicherweise interessanter erscheinen als das Ausprobieren von Produkten, wird der betreffende Baustein um eine Position nach oben verschoben. Von daher ergibt sich eine neue Reihenfolge: A – B – D – C – E.

Zuletzt sollten Sie in jeder Presseaussendung eine (bedeutende) Person zu Wort kommen lassen, etwa den Geschäftsführer, den Beiratssprecher oder den Vorstandsvorsitzenden. **Zitate** sind ideal geeignet, um sachlichen Presseinformationen eine persönliche Note zu verleihen. Nach jeder Aussage sollte immer der Name und die Funktion des Zitierten angegeben werden, damit Klarheit herrscht, wessen Meinung wiedergegeben wurde.

Das erste Zitat befindet sich in der Regel **im ersten Drittel des Pressetextes**. Im Bedarfsfall kann auch eine weitere Wortmeldung eingefügt werden, sie könnte entweder von der gleichen Person, oder von jemand anderem stammen. In dem Fall müsste man wiederum den Namen und die Funktion des Zitierten angeben.

Zur Verdeutlichung der bis jetzt dargestellten Punkte greifen wir wieder auf unser Fallbeispiel zurück; es stellt sich nun folgendermaßen dar:

Hauptthema bzw. Ereignis: „Tag der offenen Tür"
Überschrift: [Firmenname] lädt zum „Tag der offenen Tür"

Absatz 1: Zusammenfassung aller wichtigen Informationen, sodass etwa **95 Prozent des Informationsgehaltes** dargestellt werden

Baustein A: Mitarbeiter stellen neue Entwicklungen vor
Absatzüberschrift: Mitarbeiter stellen neue Entwicklungen vor
Zitat des Geschäftsführers

Baustein B: Ein Kunde berichtet über seine Erfahrungen mit einem Produkt
Absatzüberschrift: Beispiel aus der Praxis: Firma XY berichtet über Erfahrungen und Erfolge
Ein weiteres Zitat, zB von dem Vortragenden aus dem Kundenunternehmen

Baustein D: Führungen erlauben den Zugang in die Labore
Absatzüberschrift: Geheime Türe öffnen sich: Führungen in die Labore

Baustein C: Es können Produkte ausprobiert werden
Absatzüberschrift: Probieren geht über studieren: Produkte zum Angreifen

Baustein E: Kulinarische Köstlichkeiten sorgen für das leibliche Wohl
Absatzüberschrift: Auch für das leibliche Wohl ist gesorgt

(5) Abschließende Unternehmensinformationen

Mit der Überschrift **„Über [Firmenname]"** oder **„Über den Versender"** leiten Sie den sog. Abbinder ein. Der Sinn des abschließenden Textblockes ist es, dem Redakteur relevante Informationen zu dem Versender zur Verfügung zu stellen. Je exakter Sie hier das Unternehmen beschreiben, desto höher ist die Wahrscheinlichkeit, dass die Firma in einem Artikel richtig vorgestellt wird.

Punkten Sie daher mit einer kurzen, aber **präzisen Unternehmensbeschreibung**. Machen Sie Angaben zu den Schwerpunkten, zu Produkten, und eventuell auch zur Geschäftsführung. Nennen Sie die betrieblichen Standorte, wie viele Mitarbeiter beschäftigt werden und den Umsatz (vergessen Sie in diesem Zusammenhang nicht auf die Angabe des Jahres, auf das sich die Umsatzangabe bezieht). Verliehene Qualitätssiegel und Auszeichnungen runden die Unternehmensbeschreibung ab.

Üblicherweise besteht eine Unternehmensbeschreibung aus fünf bis sieben Sätzen; sie sollte auf keinen Fall länger sein als eine halbe Seite.

Solange das Firmenportrait inhaltlich richtig ist, ist sie auf jeder Presseinformation gleich.

Falls noch ein weiteres Unternehmen eine prominente Stellung in der Presseinformation einnimmt, können Sie auch für diese Firma eine Beschreibung zur Verfügung stellen.

(6) Der für Medien zuständige Ansprechpartner

Die Kontaktdaten des Medienverantwortlichen dürfen in keiner Pressemitteilung fehlen. Nennen Sie den Titel und den Vor- und Zunamen jener Person, welche von Redakteuren kontaktiert werden kann. Listen Sie unter dem Namen alle Kontaktmöglichkeiten auf: Beginnen Sie mit dem Firmennamen und der postalischen Adresse, danach folgen Telefonnummer samt Durchwahl, Handy-Nummer, Mailadresse, usw.

Wenn es auf Ihrer Homepage einen Pressebereich gibt, weisen Sie hier darauf hin und legen Sie einen Link zur entsprechenden Zielseite.

(7) Bildlegenden und Bildrechte

Bildlegenden und Bildrechte sind für viele Redakteure eine heikle Angelegenheit. Der Grund liegt darin begründet, dass rechtliche Konsequenzen zum Tragen kommen können, wenn Bilder unsachgemäß verwendet werden. Werden Urheberrechte verletzt, können Abmahnungen und hohe Bußgelder die Folge sein.

Zwei Aspekte sind es, die bei einer Verwendung von Fotos besonders beachtet werden: Wer der Urheber eines Bildes ist und wie das Foto verwendet werden darf. Die Hinweise dazu finden sich häufig am Ende einer Pressemitteilung (nach dem Abbinder), manchmal wird dafür auch ein eigenes Dokument erstellt.

Egal für welche Variante Sie sich auch entscheiden, es ist wichtig dass sichergestellt ist, dass die Informationen ohne lange Suchprozesse zur Verfügung stehen (von daher ist die Variante am Ende der Pressemitteilung empfehlenswerter).

In den meisten Fällen wird von jedem Foto ein verkleinertes Abbild in das Dokument eingefügt. Diese Vorgehensweise ermöglicht dem Redakteur, die Qualität und Nutzbarkeit der Fotos schnell einschätzen und beurteilen zu können. Dies wiederum unterstützt die rasche Klärung, ob noch Fotos angefordert werden müssen.

Unter jedem Miniaturbild sollten sich folgende Zusatzinformationen finden:

(a) Der **Name der Datei**, die sich im Anhang der Pressemail befindet

(b) Der Hinweis zu dem **Bildrecht** und zur **Verwendung des Fotos**

(c) Eine **Bildlegende** die beschreibt, wer oder was auf dem Bild zu sehen ist

(b) Hinweis zum Bildrecht und zur Verwendung des Fotos

Geben Sie immer an, wer das Urheberrecht für das Bild besitzt und in welcher Form es verwendet werden kann. Dazu sind folgende Beispiele möglich:

Einsatz in der Pressemitteilung

- Abdruck honorarfrei, Copyright: Foto Mustermann, Wien

- Abdruck bei Namensnennung honorarfrei, Foto-Copyright: Max Mustermann

- Unsere Pressebilder stehen Ihnen kostenlos zur Verfügung, sie dürfen jedoch nur mit der Quellenangabe („Foto: [Firmenname]") verwendet werden

- Copyright Max Mustermann, Veröffentlichung honorarfrei ohne Rücksprache

Einsatz auf der Website

- Hier finden Sie Pressefotos zum Download. Die Bilder können kostenlos heruntergeladen werden und sind nur für den redaktionellen Gebrauch bestimmt

- Der Abdruck der Fotos erfolgt im Zusammenhang mit einer Berichterstattung über Firma XY honorarfrei. Bitte verwenden Sie den Copyright-Vermerk „Foto: Firma XY"

- Die Bilder auf dieser Presseseite können honorarfrei abgedruckt werden, aber nur unter Angabe des Copyrights „Foto: [Firmenname]"

(c) Bildlegende

Damit Medienvertreter Ihre Bilder richtig zuordnen und rasch verarbeiten können, ist es ratsam, für jedes Foto eine Bildlegende anzubieten. Formulieren Sie dazu ein bis zwei Sätze und beschreiben Sie, wer bzw. was auf dem Foto zu sehen ist.

Sind mehrere Personen auf einem Bild abgelichtet, ist es notwendig, Hinweise zu jeder Person zur Verfügung zu stellen: Geben Sie jeweils den Vor- und Nachnamen, den Firmennamen, die Funktion im Unternehmen und die Position auf dem Bild an. Zur Angabe von Positionen wird häufig die Abkürzung „v.l.n.r." („von links nach rechts") verwendet.

Beispiele aus der Praxis

Nachdem wir uns die theoretischen Hintergründe zur Erstellung von Pressemitteilungen angesehen haben, gilt es, einen Ausflug in die Praxis zu unternehmen. Dafür habe ich Ihnen einige Best Practice Beispiele zusammengestellt.

Sie werden feststellen, dass sich alle Presseverantwortlichen bei der Gestaltung ihrer Pressemitteilung an den formalen Richtlinien orientieren und dennoch jede Pressemeldung ihren individuellen Charakter besitzt.

Die Pressemitteilungen von **3M**, einem weltweit agierenden Multi-Technologieunternehmen aus Amerika, das im deutschsprachigen Raum vor allem für seine Klebeprodukte (zB Post-it® Haftnotizen) bekannt ist, strahlen durch und durch das Unternehmensziel aus, das Leben der Menschen einfacher, sicherer und angenehmer zu gestalten. Nach einem präzise formulierten Titel wird das Monat und das Jahr angegeben, in dem der Pressetext erstellt wurde. Darunter folgen ein Untertitel und eine aussagekräftige Zusammenfassung mit den wichtigsten Aussagen. Zur Darstellung des Inhaltes kommen Fotos zum Einsatz, diese ziehen sich durch die gesamte Pressemitteilung. Jeder neue Gedanke wird in einem eigenen Absatz ausgedrückt und mit einer kurzen Überschrift eingeführt. Den Abschluss bilden die detaillierte Unternehmensbeschreibung, der Link zum Bildmaterial und die Kontaktdaten der Ansprechpartner.

Link zur Website: www.3m.com

Firma Rosenbauer, österreichischer Feuerwehrgerätehersteller mit Sitz in Oberösterreich, verbindet Text und Visualisierung in ebenso professioneller Art und Weise: Ganz oben befinden sich zwei färbige Felder, das linke enthält das Wort "Presse-information", das rechte das Logo. Darunter steht linkerhand die Überschrift, daneben rechtsbündig das Datum mit einem vorangestellten „Pressemitteilung". Auch bei Firma Rosenbauer kommt eine zweite Überschrift zum Einsatz. Darunter finden sich ein passendes Foto und die drei wichtigsten Kernaussagen werden aufgelistet. Danach startet der klassische Pressetext, wie oben beschrieben.

Link zur Website: www.rosenbauer.com

Die BMW Group, weltweit führender Anbieter von Premiumfahrzeugen, platziert am Kopf der Presseinformation die Logos der Konzernkommunikation, von BWM, Mini und Rolls-Royce. Dann folgt linksbündig das Wort „Presse-Information" und darunter das Datum. Auch hier findet sich nach der Überschrift eine Zusammenfassung der Kernaussagen. Danach beginnt der Lauftext. Eine ausführliche Unternehmensbeschreibung rundet den Informationsgehalt der Presseinformation perfekt ab.

Link zur Website: www.press.bmwgroup.com

Tipp: Weitere Anregungen zur Formulierung von Pressemitteilungen finden Sie auf den Portalen der Nachrichtenagenturen, wie zB auf www.pressetext.at.

Zusammenfassung des Grobkonzeptes

Nachdem nun alle wesentlichen Punkte beschrieben wurden, werden diese wieder in unser Grobkonzept übertragen.

Sie können diese Übersicht als Leitlinie für Ihre Pressemitteilungen verwenden und stellen damit sicher, dass Sie nichts Wichtiges vergessen.

Hauptthema bzw. Ereignis: „Tag der offenen Tür"

- **Überschrift:** [Firmenname] lädt zum „Tag der offenen Tür"

Absatz 1: Zusammenfassung aller wichtigen Informationen

- Ca. **95 Prozent des Informationsgehaltes** werden anschaulich dargestellt

Baustein A: Mitarbeiter stellen neue Entwicklungen vor

- **Absatzüberschrift:** Mitarbeiter stellen neue Entwicklungen vor
- **Zitat des Geschäftsführers**

Baustein B: Ein Kunde berichtet über seine Erfahrungen mit einem Produkt

- **Absatzüberschrift:** Beispiel aus der Praxis: Firma XY berichtet über Erfahrungen und Erfolge
- **Gegebenenfalls ein weiteres Zitat**, zB von dem Vortragenden aus dem Kundenunternehmen

Baustein D: Führungen erlauben den Zugang in die Labore

- **Absatzüberschrift:** Geheime Türe öffnen sich: Führungen in die Labore

Baustein C: Es können Produkte ausprobiert werden

- **Absatzüberschrift:** Probieren geht über studieren: Produkte zum Angreifen

Baustein E: Kulinarische Köstlichkeiten sorgen für das leibliche Wohl

- **Absatzüberschrift:** Auch für das leibliche Wohl ist gesorgt

Unternehmensbeschreibung

- Der Versender wird in fünf bis sieben Sätzen aussagekräftig beschrieben

Medien-Ansprechpartner mit Kontaktdaten

- Neben dem Titel und dem Vor- und Zunamen des für die Presse zuständigen Mitarbeiters werden auch die Kontaktmöglichkeiten genannt

Angaben zu jedem einzelnen Foto

- Name der Datei
- Bildlegende
- Inhaber des Bildrechtes
- Hinweise zu den Verwendungsmöglichkeiten

Gute Pressefotos als Türöffner

Medientaugliche Pressefotos können viel für Sie und den Erfolg Ihrer Pressearbeit erreichen: Nicht selten tragen sie dazu bei, dass Berichterstattungen möglich werden bzw. wesentlich länger ausfallen als ohne (gutes) Foto. Von daher zahlt sich eine Investition in professionelle Fotos bzw. in einen Fotografen auf jeden Fall aus.

Wenn Sie eine Zeitung oder ein Magazin zur Hand nehmen und durchblättern, wird Ihnen auffallen, dass manche Beiträge interessanter erscheinen als andere. Meistens sind die Überschriften und/oder die Fotos dafür verantwortlich.

Bilder können magische Anziehungspunkte sein: Aufgrund der Darstellung von Menschen, Produkten, Geräten oder Maschinen bildet sich rasch ein erster Eindruck, dafür sind oft nur wenige Sekunden nötig. Je nach Professionalität des Fotos kann sich die Empfindung in eine positive, neutrale oder negative Richtung bewegen.

Tipps für ausdrucksstarke Bilder

Ihre Pressefotos sollten vor allem eine positive Emotion auslösen. Doch wie erreicht man das?

- Zeigen Sie **Menschen „in Aktion",** dh lebendige und „bewegende" Motive (von daher sind auch Passfotos für die Medienarbeit ungeeignet)

- Vermeiden Sie **Gruppenfotos ohne „Pep",** etwa Leute, die langweilig hintereinander stehen oder nur nebeneinander aufgereiht sind

- Achten Sie darauf, dass Ihre Bilder **nicht zu werblich** sind, aber dennoch klar wird, wer der „Absender" des Bildes ist (ewa indem Sie das Logo dezent im Hintergrund platzieren)

- Setzen Sie auch den **Hintergrund** in Szene und unterstützen Sie damit die positive Wirkung. Gewähren Sie **stimmungsvolle „Ausblicke"** und vermeiden Sie unschöne Wände oder Vorhänge

Tipp: Falls Sie einen externen Fotografen mit der Erstellung Ihrer Bilder beauftragen, vergessen Sie nicht, die Bildrechte mitzuerwerben: Klären Sie bei jeder Auftragserteilung, wofür die Bilder eingesetzt werden dürfen. Die Fotos sollten im Web und in Printunterlagen in uneingeschränkter Auflage verwendet werden können.

Technische Anforderungen

In den meisten Redaktionen kommen digitale Fotos zum Einsatz. Auf der einen Seite lassen sich diese blitzschnell und einfach für die verschiedensten Anwendungen adaptieren, auf der anderen Seite können sie mit geringem Aufwand und ohne Qualitätsverlust auch längerfristig aufbewahrt werden.

Damit Bilder gut für eine redaktionelle Verwertung geeignet sind, sollten sie folgende Anforderungen erfüllen:

- Verwenden Sie das **Format „jpeg" oder „tiff"**

- Bieten Sie Fotos im **Quer- und Hochformat** an

- Die Auflösung sollte **mindestens 300 dpi** betragen

- Achten Sie auf die **Größe der Bilddateien** und stellen Sie – falls nötig – komprimierte Fotos zur Verfügung

- Erfassen Sie wichtige **Informationen** auch in der **Fotodatei**, wie zB die Bildrechte oder die Bildlegende. Die Speicherung dieser Angaben ist inzwischen mit vielen Bildverarbeitungsprogrammen möglich

- Benennen Sie **Bilddateien aussagekräftig**

  - <u>Bei Personen:</u> Vor- und Zuname der abgebildeten Person sowie den Firmennamen, eventuell auch die Funktion

  - <u>Bei Produkten:</u> Produkt- und Firmenname, eventuell noch den Typus des Produktes

  - <u>Bei Gebäuden:</u> Firmenname und Ort (besonders wichtig bei mehreren Unternehmensstandorten)

Virtuelles Fotoarchiv

Bieten Sie Ihre Fotos auch im Pressebereich Ihrer Website an. Großzügige Fotoarchive sind jederzeit willkommen und laden zum Schmökern und zum Gebrauch von Pressetexten ein.

Falls Pressefotos nur in Miniaturgröße angezeigt werden, ist es sinnvoll, eine Vorschaufunktion mit vergrößerter Ansicht einzurichten. Würde dann auch noch der Bildtext eingeblendet werden, wäre das bei jeder Fotorecherche hilfreich: Denn man weiß sofort, „wen oder was man vor Augen hat".

Tipp: Ein gutes Beispiel für ein gelungenes Bild- und Textarchiv ist der Pressebereich der österreichischen Nationalbibliothek. Hier können, ausgehend von einer allgemeinen Übersichtsseite, Pressebilder, Bildlegenden (inkl. Urheberrechtsvermerk) und Pressetexte heruntergeladen werden. Die Dokumente sind jeweils im Word- und im PDF-Format verfügbar.

Link zur Website: www.onb.ac.at

Beispiele aus der Praxis

Da wahrscheinlich jeder Mensch eine andere Vorstellung von einem „ausdrucksstarken" Pressefoto hat, finden Sie nachfolgend einige Websites, wo Sie sich einen Überblick über medientaugliche Pressefotos verschaffen können:

- Bei den klassischen Nachrichtenagenturen, wie zB auf www.wirtschaftsnachrichten.at oder auf www.pressetext.com (Reiter „Fotodienst")

- www.rosenbauer.com

- www.adidas-group.com

Tipp: Entwickeln Sie ein Gefühl dafür, wie ideale Pressefotos aussehen sollten. Und zwar auch dann, wenn Sie einen professionellen Fotografen beauftragen. Schauen Sie sich auf den oben genannten Seiten um und analysieren Sie, welche Fotos Ihnen gut bzw. weniger gut gefallen, warum das so ist und was Sie daraus für Ihre eigenen Pressebilder lernen können.

Vorbereitungen für den Versand

Nachdem Sie Ihre Presseinformation erstellt und geeignete Pressefotos ausgewählt haben, folgt die nächste wichtige Phase, das Treffen der Vorbereitungen für den Versand des Pressetextes.

Zu Beginn einer Pressekarriere wird dieser Schritt noch etwas Zeit benötigen. Mit zunehmender Erfahrung vollstreckt er sich aber immer rascher, und schon bald wird er im Handumdrehen vollzogen sein.

Kommen wir nun zu den Punkten, die zum aktuellen Zeitpunkt, bzw. spätestens zum Versand der Pressemitteilung geklärt sein sollten:

- **Liegt bereits die interne Freigabe der Pressemitteilung vor?** Häufig unterliegt der Versand von Pressemitteilungen einem internen Freigabeprozess, bei dem entschieden wird, ob der Pressetext in der vorliegenden Form an die Presse weitergegeben werden kann

- **Sind weitere Freigaben nötig?** Und wenn ja, ist die schriftliche Zustimmung bereits eingetroffen? Unter Umständen ist es erforderlich, weitere Freigaben einzuholen. Das kann der Fall sein, wenn Sie zB fremde Firmennamen in Ihre Presseinformation aufnehmen, oder Fotos von und/oder mit Mitarbeitern verwenden wollen

- **Gibt es eine Sperrfrist, die berücksichtigt werden muss?** Achten Sie darauf, dass die Pressemitteilung erst nach dem festgelegten Zeitpunkt versendet wird bzw. Redakteure ausdrücklich auf die Sperrfrist hingewiesen werden

- **Beachten Sie die Vorlaufzeiten in den Redaktionen**, vor allem bei Monats- und Quartalsmedien. Hier müssen Sie davon ausgehen, dass Ihre Pressemeldung schon Wochen vor dem Erscheinungstermin in der Redaktion eingetroffen sein muss. Erheben Sie bei relevanten Medien, bis wann (Tag und Uhrzeit) eine Pressebotschaft vorliegen muss, um in die nächste Ausgabe einfließen zu können. Bei Monatsmedien geht man häufig von einer Vorlaufzeit von sechs bis acht Wochen aus

- **Wird der eigene Presseverteiler genutzt und/oder greift man auf externe PR-Portale zurück?** Diese Entscheidung hängt einerseits von dem Thema ab, und andererseits von der regionalen bzw. überregionalen Bedeutung

Gießkannenprinzip vs. selektive Medienauswahl

Versenden Sie Ihre Pressenachrichten niemals im Gießkannenprinzip, wonach jede Pressemitteilung an jeden Medienvertreter gesendet wird.

Stattdessen sollten Sie Ihre Pressemitteilung nur an jene Publizisten senden, die Ihr Thema mit hoher Wahrscheinlichkeit als „nachrichtenrelevant" einstufen. Ein Blick in die Notizen Ihrer Medienrecherche wird Ihnen dabei behilflich sein.

Weiters unterstützen Sie die beiden nachfolgenden Fragen, die Spreu vom Weizen zu trennen und geeignete Medien zu identifizieren:

- Soll die Botschaft **innerhalb der Branche** (Fachmedien), **außerhalb der Branche** (Wirtschaftsmedien) oder auf **Publikumsebene** (Publikumsmedien) kommuniziert werden?

- Ist das Thema **regional, überregional und/oder international** interessant?

Erinnern Sie sich noch, dass im Rahmen der Medienanalyse vorgeschlagen wurde, die analysierten Medien in Produktgattungen und Kategorien einzuteilen? Wenn dies von Ihnen umgesetzt wurde, haben Sie nun ein Leichtes, die passenden Redakteure auszuwählen. Denn diese Kategorisierung war genau auf die oben formulierten Fragen abgestellt.

Sie finden nachfolgend noch einmal die Übersicht:

Fachmedien

a) **Regionaler bis internationaler Fokus - mit Branchenschwerpunkt,** zB Österreichische Kunststoffzeitschrift, Billboard Magazin, Werben & Verkaufen, pressebox.de

b) **Regionaler bis internationaler Fokus - mit Publikumsschwerpunkt,** zB Men´s Health, Schöner Wohnen, Essen und Trinken, woman

Wirtschaftsmedien

a) **Überregionaler Fokus,** zB Wirtschaftsblatt, Format, pressetext.com

b) **Regionaler Fokus,** zB Salzburger Wirtschaft

Publikumsmedien

a) **Überregionaler Fokus,** zB Kronen Zeitung, Österreich, Heute

b) **Regionaler Fokus,** zB Oberösterreichische Nachrichten, Die Oberösterreicherin

c) **Lokaler Fokus,** zB Bezirksblatt, Gemeindezeitung, Stadtmagazine

Sonstige

Sobald Sie entschieden haben, welche Medien Sie mit Ihrer Pressemitteilung versorgen wollen, können wir uns dem nächsten Schritt zuwenden und den Versand des Pressetextes auf Schiene bringen.

Zum Versand der Presseinformation

In diesem Kapitel lernen Sie Möglichkeiten kennen, wie Sie Ihre Presseinformationen versenden können. Es ist durchaus üblich, mehrere Kanäle zur Verbreitung eines Pressetextes zu nutzen.

Folgende Möglichkeiten haben sich in der Praxis bewährt:

a) Nutzung des **eigenen Presseverteilers**

b) Versand über eine **Presse- oder Nachrichtenagentur**

c) Erfassung des Textes auf einem **kostenfreien PR-Portal**

Starten wir zuerst mit dem wichtigsten Tool, Ihrem eigenen Presseverteiler.

(a) Versand über den eigenen Presseverteiler

Ein eigener Presseverteiler gehört zur Basisausstattung jeder professionellen PR-Arbeit. In der Regel sind darin die Daten all jener Medienvertreter erfasst, die Sie aufgrund Ihrer Medienanalyse herausgefunden haben. Außerdem sollten sich hier auch die Kontaktdaten jener Publizisten finden, die sich auf Ihrer Website in Ihren Presseverteiler eingetragen haben.

Ihr Presseverteiler sollte kontinuierlich gewartet werden. So stellen Sie sicher, dass alle Redakteure, die Sie bedienen möchten, auch tatsächlich Ihre Nachricht erhalten.

Machen Sie sich regelmäßig ein Bild über die Medien, die in Ihrem Verteiler vertreten sind. Erheben Sie, in welchem Ausmaß die Tages-, Wochen- und Fachpresse repräsentiert ist, welche sonstigen Zeitschriften und Onlineportale bedient werden und ob Ihre Nachrichten auch an den Hörfunk und das Fernsehen gesendet werden.

Versenden Sie Ihre Pressemitteilungen über Ihren eigenen Verteiler, können Sie einfach nachvollziehen, wer wann welche Information von Ihnen erhalten hat. Dieses Wissen ist vor allem bei der Durchführung einer Erfolgsanalyse wertvoll, denn es ist spannend zu erheben, wie oft welche Medien über Sie berichtet haben. Weil Sie eine solche Analyse auf jeden Fall durchführen sollten, erfahren Sie dazu später noch mehr.

Gehen wir nun darauf ein, was es beim Versand von Pressemitteilungen zu berücksichtigen gilt. Dazu lernen Sie neben organisatorischen Erfolgskriterien auch viele praktische Tipps und Tricks kennen.

Allgemeines

Es ist üblich, **einen Pressetext** an **mehrere Medien** zu senden; jeder Redakteur geht davon auch aus. Von daher wird er sich hüten, einen Text unverändert zu übernehmen. Aus diesem Grund werden Pressetexte häufig überarbeitet und Artikel mit eigenen Worten formuliert. Pressemitteilungen geben daher nur eine mögliche Richtung eines Beitrages vor.

Senden Sie Ihre Pressemitteilung vorzugsweise an eine **personifizierte Mailadresse**, und nicht an eine allgemeine Redaktionsadresse. Liegt nur eine allgemeine Medienadresse vor, erkundigen Sie sich im Sekretariat der Redaktion nach dem Redakteur, der das jeweilige Thema bearbeitet. Fragen Sie nach seiner Mailadresse und tragen Sie diese in Ihren Verteiler ein. Damit haben Sie ab sofort die Möglichkeit, auch diesem Redakteur eine persönlich adressierte Nachricht zu senden.

Der Text in der Betreffzeile

Oft reichen schon wenige Worte im Betreff einer E-Mail aus, um sich eine Vorstellung bilden zu können, was einem in einer Nachricht erwarten wird. Etwa dann, wenn sich zwei Parteien häufig via Mail austauschen und sich die Themen innerhalb eines klaren Spektrums bewegen. Es ist nicht nötig, lange über die Worte im Betreff nachzudenken – man weiß von vornherein, worum sich die Botschaft drehen wird.

Bei Pressemitteilungen ist das anders. Hier sollten Sie auf keinen Fall mit präzisen Angaben sparen, und auf eine aussagekräftige Betreffzeile setzen. Der Text in der Betreffzeile spielt für Redakteure eine wesentliche Rolle: Aufgrund der zahlreichen Pressemitteilungen wird sofort nach „verwertbar" und „nicht verwertbar" sortiert – und die Mails, die der zweiten Kategorie zugeordnet werden, relativ zügig gelöscht.

Es gilt also, einen aussagekräftigen Betrefftext zu formulieren. Praktisch ist, dass diese Anforderung auch für die Überschrift gilt – und Sie die Headline in der Betreffzeile ein weiteres Mal nutzen können. Somit sparen Sie Zeit, weil Sie sich nicht zweimal den Kopf darüber zerbrechen müssen, wie Sie den Inhalt in gehaltvoller Weise zusammenfassen.

Wenn Sie die Überschrift in die Betreffzeile aufnehmen ist es ratsam, die verwendeten Zeichen abzuzählen (im Textverarbeitungsprogramm Word erfolgt dies übrigens automatisch, wenn Sie im Reiter „Überprüfen" auf den Button „Wörter zählen" klicken). Warum? Da in den Titeln einiger E-Mail-Programme nur 50 Zeichen angezeigt werden, besteht die Gefahr, dass bei einer längeren Überschrift die letzten Worte nicht mehr eingeblendet werden. Die Bedeutung einer Botschaft kann sich damit grundlegend ändern und den Leser unabsichtlich in eine falsche Richtung führen.

Ein wichtiger Baustein, sowohl in der Überschrift als auch in der Betreffzeile, ist der Firmenname. Setzen Sie ihn an die erste Stelle. So erkennen Redakteure sofort, von wem die Nachricht handelt. Ist Ihr Firmenname in der Redaktion bekannt, wird Ihnen dies möglicherweise helfen, Interesse für Ihre Pressemeldung zu wecken.

Falls Sie eine Veranstaltung oder einen Termin ankündigen, erwähnen Sie in der Betreffzeile auch das Datum des Events. Wenn noch Platz zur Verfügung steht, kann auch der Ort angegeben werden.

Verzichten Sie unbedingt auf Phrasen wie „Mit der Bitte um Veröffentlichung" oder „Wichtige Nachricht". Solche Aussagen sind viel zu ungenau um daraus schließen zu können, was sich dahinter verbirgt. Kommen Sie lieber auf den Punkt und sagen Sie genau, worum es geht.

Das gilt nicht nur für den Betreff, sondern auch für den Mailtext. Sehen wir uns als Nächstes an, was es dort zu berücksichtigen gilt.

Journalistenfreundlicher Text in der E-Mail

Verwenden Sie eine **persönliche Anrede** („Sehr geehrte Frau ...!" bzw. „Sehr geehrter Herr ...!") und begrüßen Sie den Redakteur freundlich. Medienleute mögen das Gefühl von Exklusivität und letztendlich verdienen sie es auch. Schließlich bitten wir um eine kostenlose Berichterstattung, die mit der Zeit viel wert sein könnte.

Neuere Studien meinen zwar, dass die persönliche Anrede für Publizisten nicht so wichtig ist, aber ich denke, es gehört zum guten Ton, einen Mail-Empfänger freundlich, und vor allem persönlich zu begrüßen. Es ist ein Zeichen von Wertschätzung, die man jemandem entgegenbringt, und schließlich wundert man sich selber auch, wenn man nur mit einem „Sehr geehrte Damen und Herren!" angesprochen wird. Leicht entsteht die Vermutung, es handelt sich um eine Spam-Mail. Das könnte auch für das Virusprogramm zutreffen und es veranlassen, die Nachricht in den Spam-Ordner zu verschieben. Das wäre natürlich fatal, denn dann würde die Pressemitteilung nicht einmal bis in den Posteingang des Redakteurs vordringen.

Gehen wir aber davon aus, dass alles klappt und die E-Mail von dem Medienvertreter geöffnet und gelesen wird. Begehen Sie nun nicht den Fehler, zu Beginn Ihrer Nachricht Ihr Unternehmen lang und breit vorzustellen, das ist absolut unnötig.

Fügen Sie nach der persönlichen Anrede Ihren Pressetext ein oder starten Sie mit einer kurzen, aber aussagekräftigen Zusammenfassung – kommen Sie auch hier sofort auf den Punkt. Egal für welche Variante Sie sich entscheiden, es gilt immer: Das Wichtigste steht am Beginn des Textes.

Bieten Sie an, dass Sie bei Fragen oder für ein **Interview** gerne zur Verfügung stehen. Geben Sie hierfür Ihre Telefonnummer mit Ihrer Durchwahl an, Ihre Handynummer und Ihre Mail-Adresse. Auf diesen Kanälen sollten Sie nach dem Versand der Presseinformation auch gut erreichbar sein, zumindest für die nächsten zwei bis drei Werktage.

Wenn Sie einen Event oder eine Veranstaltung ankündigen, laden Sie den Redakteur ein, (kostenfrei) daran teilzunehmen. Wenn Medienleute zu einer Veranstaltung kommen ist dies meist ein Garant dafür, dass anschließend darüber berichtet wird. Außerdem können Sie den persönlichen Kontakt für Ihr Beziehungsmanagement nutzen und sich erkundigen, welche Reportagen, Interviews, Themenspecials, usw. in nächster Zeit geplant sind. Vielleicht ist ein Thema dabei, das für Sie interessant ist und Sie haben die Chance, Ihr Interesse daran zu bekunden.

Ist auf Ihrer Website ein **Pressebereich** eingerichtet, sollten Sie am Ende Ihrer Nachricht darauf hinweisen. Da Ihre E-Mail alle Informationen und Dateien enthalten sollte (also die Presseinformation, Fotos, Bildlegenden und Urheberhinweise), müsste sich der Besuch der Website im Grunde genommen erübrigen. Dennoch wollen sich manche Redakteure ein besseres Bild von dem Versender machen, und besuchen den Pressebereich trotzdem. Das zeigt einmal mehr, dass sich die Einrichtung eines Pressecenters lohnt und als sinnvolle Investition zu bewerten ist.

Zuletzt verabschieden Sie sich freundlich und bedanken sich schon im Vorfeld für eine Berichterstattung, falls diese möglich ist.

Fügen Sie am Ende Ihrer Mail Ihre **Signatur** ein, das erleichtert dem Redakteur eine Kontaktaufnahme mit Ihnen. Geben Sie dazu Titel, Vor- und Nachname, Firmenwortlaut und Firmenadresse, Telefonnummer samt Durchwahl, Handy- und Faxnummer sowie die Mail- und Webadresse an.

Mediengerechte E-Mail-Attachments

Im Anhang von Pressemails finden sich die Pressemitteilung und die Pressefotos. Sollten Sie für die Bildlegenden und den Copyright-Vermerk ein eigenes Dokument erstellt haben, darf dieses natürlich auch nicht fehlen.

Achten Sie darauf, dass Ihre E-Mail-Anhänge aussagekräftig betitelt sind und sofort ersichtlich wird, worum es sich dabei handelt. Sie helfen damit dem Redakteur, sofort die richtige Datei zu öffnen.

Was gilt es bei den Anhängen sonst noch zu beachten?

- Versenden Sie Ihre Presseinformationen als **Word-Datei und/oder im PDF-Format**

- Senden Sie **max. drei Fotos** mit. Sollten weitere Fotos vorhanden sein, verweisen Sie am besten auf eine Download-Seite und fügen Sie einen Direktlink ein

- Sollten Sie **weitere Dokumente** zur Verfügung stellen wollen (zB einen Unternehmensfolder oder eine Veranstaltungseinladung), verwenden Sie am besten das **PDF-Format**

- Beachten Sie, dass die E-Mail eine **Größe von 5 MB** nicht überschreiten sollte

Möglichkeiten zum Versand von Pressemitteilungen

Eine praktische und weit verbreitete Variante zum Versand von Pressetexten ist mit einem Newsletter-Tool. Solche Systeme ermöglichen es, Mails ohne großen Aufwand an ausgewählte Gruppen von E-Mailempfängern zu senden - meist mit persönlicher Anrede und der Möglichkeit, beliebig viele Anhänge beizufügen. Das sind ideale Bedingungen für den raschen Versand einer Pressemitteilung.

Steht kein Newsletter-Tool zur Verfügung, können Sie Ihre Pressemails auch über jedes beliebige Mail-Programm versenden (vorausgesetzt, es hinterlässt einen positiven Eindruck).

Da Microsoft Outlook in vielen Unternehmen im Einsatz ist und auch oft für den Versand von Presseinformationen verwendet wird, beschreibe ich nachfolgend drei Möglichkeiten, wie Sie Ihre Presseaussendungen mit diesem System verteilen können.

Variante 1: Versendung von Einzelmails

Senden Sie Ihre Pressemitteilung nur an einen kleinen Kreis von Journalisten, sind Einzelmails eine praktikable Versandmöglichkeit. Sie können in allen Mails den gleichen Text verwenden, es muss nur die Anrede geändert werden. Wichtig ist die Prüfung der Anhänge, die bei jeder Mail gesondert eingefügt werden müssen.

Variante 2: Versendung von Serienmails

Ab Microsoft Office 2010 besteht die Möglichkeit, Serienmails mit personalisierter Anrede zu versenden. Es gibt nur einen Haken - er liegt beim Anhang, also bei den Mailanlagen. Denn in eine Serienmail kann nur dann ein Anhang beigefügt werden, wenn ein externes Add-In installiert, oder ein Excel-Makro eingerichtet wird. Ein externes Add-In wird zB von Mapilab angeboten, es nennt sich „Send Personally" und kann auf der Homepage heruntergeladen werden. Details dazu finden sich unter www.mapilab.com. Bitte verstehen Sie diesen Hinweis nicht als Kaufempfehlung.

Variante 3: Versendung von Massenmails

Es gibt noch eine dritte Variante, wie Sie Mails an mehrere Empfänger versenden können. Da bei dieser Variante zwar ein Anhang, aber keine persönliche Anrede eingefügt werden kann, sollte sie nicht die erste Wahl sein. Ich erwähne sie hier dennoch, und nur der Ordnung halber.

Fügen Sie in das „An"- oder „Cc"-Feld nur Ihre eigene E-Mailadresse ein, die Adressen weiterer Empfänger folgen ausschließlich in der „Bcc"-Zeile. Mit dieser Vorgehensweise stellen Sie sicher, dass dem Empfänger nur die eigene Mailadresse eingeblendet wird, und die weiteren Adressaten verborgen bleiben.

Tipp: Falls das „Bcc"-Feld bei Ihnen noch nicht angezeigt wird, können Sie das einfach einrichten: In Outlook 2010 (bei Vorgängerversionen ist es ähnlich) öffnen Sie eine neue Mail-Nachricht, dann klicken Sie auf „Optionen", und zuletzt im Bereich „Felder anzeigen" auf „Bcc".

(b) Nutzung einer Presse- oder Nachrichtenagentur

Möchten Sie Ihre Pressemitteilung nicht selber versenden, können Sie damit auch eine Presse- oder Nachrichtenagentur beauftragen. Gegen Gebühr können Sie das rasch und ohne viel Aufwand abwickeln.

Presse- und Nachrichtenagenturen versenden Presseinformationen an alle relevanten Redakteure aus Tages-, Wochen-, Fach- und Firmenzeitungen, an Online-Redaktionen, an Nachrichtenportale und -agenturen sowie an Fernseh- und Hörfunk-Sender. Manche Dienstleiter leiten die Pressetexte auch an offene PR-Portale weiter (zum Thema „PR-Portale" erfahren Sie im nächsten Abschnitt noch mehr).

Die Angebotspalette von Presse- oder Nachrichtenagenturen ist in der Regel recht breit und enthält viele Services rund um die Pressearbeit. Von daher werden auch Texte erstellt, Pressefotografen vermittelt oder Übersetzungen durchgeführt. Auf den Websites der Dienstleister finden sich detaillierte Informationen zu den Leistungspaketen, wo diese im Bedarfsfall auch gleich gebucht werden können. Weiter unten finden Sie eine Übersicht mit etablierten Anbietern.

Zur Abwicklung einer Presseaussendung

Die Abwicklung der Presseaussendung erfolgt in der Regel online. Nachdem der Auftraggeber die Rahmendaten und den Pressetext erfasst hat, startet beim gewählten Dienstleister ein weiterführender Prüfprozess. Sollten sich Unklarheiten ergeben, erfolgt eine telefonische oder elektronische Kontaktaufnahme. Sind alle Details geklärt, wird der Text an den gewünschten

Verteiler versendet, auf der Website der Presse- oder Nachrichtenagentur publiziert und im Internet auf verschiedenen Wegen gestreut.

Vor- und Nachteile einer Zusammenarbeit mit Presse- und Nachrichtenagenturen

Zu den großen Vorteilen zählt, dass Sie genau festlegen können, wen Sie (thematisch) mit Ihrer Presseinformation erreichen wollen, dass die Kontaktdaten stets aktuell sind und Sie keinen Aufwand mit der Erstellung und Wartung eines größeren Verteilers betreiben müssen.

Da eine Presseinformation auf den verschiedensten Online-Kanälen archiviert wird, ist eine Botschaft auch nach Jahren noch im Internet auffindbar. Im Gegensatz zu einer Publikation in Printmedien, die oft nur eine „Lebenszeit" von wenigen Tagen, Wochen oder Monaten erreichen, ist die Verfügbarkeit der Internet-Information also wesentlich länger.

Es gibt noch einen weiteren Vorteil, der für eine Zusammenarbeit mit Nachrichtenagenturen spricht: Bei einigen Anbietern erreichen Sie mit Ihrer Botschaft nicht nur die Medienvertreter in den Redaktionen, sondern auch Meinungsführer aus der Wirtschaft. Denn neben den bereits genannten Wegen werden Pressetexte auch über sog. Mail-Abos verteilt: Damit können Informationen zu aktuellen Presseinformationen „bestellt" werden, die entweder aus bestimmten Themengebieten stammen und/oder ausgewählte Suchbegriffe enthalten. In der Folge erhält der Abonnent automatisch erstellte Mails, die eine Liste mit jenen Presseinformationen enthalten, die den festgelegten Anforderungen entsprechen und von dem Anbieter seit dem letzten Abo-Mail versendet wurden. Bei pressetext.com wird der kostenfreie Service von fast 98.000 Abonnenten genutzt (Stand Ende Juli 2013).

Als (kleiner) Nachteil gilt, dass seitens der Aussender nicht preisgegeben wird, welche Redakteure die Presseinformationen erhalten. Aus den Mediadaten erfahren Sie lediglich die Namen der Redaktionen, die in dem Verteilerkreis enthalten sind. Eine Überprüfung, ob Ihre Pressenachricht einem von Ihnen favorisierten Medienvertreter zugestellt wird, kann daher nicht erfolgen.

Um sicherzugehen, dass Ihre **Top-Medien** Ihren Pressetext erhalten, könnten Sie Ihren Presseverteiler mit dem der Presse- oder Nachrichtenagentur abstimmen und fehlende Publizisten bzw. Redaktionen gesondert beschicken.

Was ist bei einem Versand über eine Nachrichtenagentur zu beachten?

Bevor Sie eine Nachrichtenagentur mit einer Aussendung beauftragen, sollten Sie sich die auf dem Portal abgelegten Pressemitteilungen bzw. deren Auftraggeber ansehen. Oft gibt es Unterschiede, die man rasch herausfinden kann: Während etwa der österreichische APA/OTS-Dienst (www.ots.at) einen politischen Touch vermittelt, charakterisiert sich pressetext.com durch einen hohen Wirtschaftsbezug.

Zur Promotion einer Großveranstaltung habe ich beide Services vergleichsweise genutzt mit dem Ergebnis, dass bei pressetext.at eine höhere Abdruck- und Online-Veröffentlichungsrate erzielt wurde. Der höhere Preis für die Aussendung wurde in diesem Fall mit einer höheren Erfolgsquote belohnt.

Welche Anbieter gibt es?

Grundsätzlich gibt es eine Fülle von Portalen, die Presseaussendungen gegen Gebühr verteilen. Da die Qualität eines Portals bzw. eines Ergebnisses nur selten schon im Vorfeld abgeschätzt werden kann, finden Sie nachfolgend eine Aufzählung von etablierten Anbietern.

Auch wenn die in dem Preis enthaltenen Leistungsspektren recht unterschiedlich sind, habe ich neben den Webadressen auch die Kosten für eine Einzelaussendung angegeben (Stand: 1. August 2013):

www.newsaktuell.de: Der Basispreis für den Versand einer Pressemitteilung beginnt bei 360 Euro (Versand in Deutschland, Text bis 300 Wörter).

www.ots.at: Der Basispreis (Versand in Österreich, Text max. 30 Zeilen) startet bei 150 Euro.

www.pressebox.de (Presseportal im Technologiebereich): Der Preis für eine Einzelaussendung liegt bei 199 Euro.

www.pressetext.com: Die Kosten für eine Einzelaussendung in Österreich oder in Deutschland (ohne Foto) betragen 330 Euro, in die Schweiz 495 Euro.

Bitte beachten Sie, dass die hier aufgelisteten Anbieter alphabetisch gereiht sind und die Anordnung in keiner Weise als Ranking zu verstehen ist.

Tipp: Die oben dargestellten Daten verdeutlichen, wie unterschiedlich die Preise ausfallen – und genauso unterschiedlich sind auch die Leistungen, die in den Paketen enthalten sind. Wenn Sie den Versand Ihres Pressetextes über eine Nachrichtenagentur in Betracht ziehen, ist es ratsam, sich über die enthaltenen Leistungen genau zu informieren und die Zusammensetzung der Verteiler zu studieren. Wenn Sie Fotos mitsenden, oder zusätzliche Medienverteiler nutzen wollen, können unter Umständen noch Aufschläge hinzukommen.

(c) Erfassung auf einem PR-Portal

Eine weitere Möglichkeit, Ihre Presseaussendung zu verbreiten, ist über ein offenes PR-Portal.

Bei diesen Portalen handelt es sich um sog. Publikumsportale, die sich nicht mit dem Versand von Presseinformationen finanzieren, sondern über die auf ihrer Website publizierten Werbung. Dies lässt PR-Portale auf den ersten Blick als wenig attraktiv erscheinen. Erfährt man jedoch von den positiven Nebeneffekten, die sich durch eine Nutzung ergeben können, kann sich das Bild drehen und den Gebrauch der Portale als durchaus interessant erscheinen lassen.

Die ersten Schritte

Um eine Pressemitteilung auf offenen PR-Portalen veröffentlichen zu können, ist manchmal eine Registrierung notwendig. Die Anmeldung wie auch die Nutzung ist kostenlos und unverbindlich, es entstehen Ihnen also keine Gebühren.

Mit dem Einstellen von Pressemitteilungen müssen Sie Ihr Einverständnis zu – je nach Portal – unterschiedlichen Prinzipien erklären. Einige Beispiele dafür sind:

... dass Sie den Bestimmungen des Pressekodex folgen und sich daran halten.

... dass Ihre Meldungen uneingeschränkt veröffentlicht werden dürfen.

... dass Sie keine Rechte Dritter verletzen.

Wenn Sie sich für eine Veröffentlichung auf einem offenen PR-Portal entscheiden, ist es auf jeden Fall ratsam, sich die damit verbundenen Bedingungen genau anzusehen.

Wie gestaltet sich der Ablauf einer Veröffentlichung?

Einer Veröffentlichung ist in der Regel eine interne Prüfung vorangestellt, die in manchen Fällen nur während der Bürozeiten durchgeführt wird. Werden Pressemitteilungen außerhalb dieser Zeiten erfasst, werden sie am nächsten Arbeitstag freigeschaltet.

Im Rahmen des Erfassungsprozesses wird beschrieben, was in welchen Feldern und in welcher Form einzutragen ist. Außerdem erfahren Sie, welche Daten veröffentlicht werden und welche nicht. Im Großen und Ganzen ist die Erfassung eines Pressetextes relativ einfach.

Zu den Vorteilen von offenen Presseportalen

Neben der einfachen Handhabe bei der Verbreitung einer Pressemitteilung gibt es zahlreiche weitere Punkte, die für die Nutzung eines PR-Portals sprechen:

Die etablierten Presseportale sind gewaltige Besucher-Magnete: Die Anbieter sprechen von bis zu 500.000 Menschen pro Monat. Um eine Million Seitenaufrufe zu erreichen, werden oft nicht einmal 30 Tage benötigt.

Der Besucherandrang auf den Portalseiten trägt dazu bei, dass ein Pressetext schon kurz nach der Veröffentlichung von einer breiten Menschenmasse entdeckt und gelesen werden kann.

Pressemitteilungen werden jedoch nicht nur auf dem jeweiligen PR-Portal veröffentlicht, sondern auch über diverse Online-Dienste (wie zB RSS) und Suchmaschinen (zB Google News oder Alerts) gestreut. Nicht selten sind die Pressetexte schon eine Stunde nach der Veröffentlichung bei unterschiedlichen Google-Diensten und in Suchergebnissen auffindbar. Manche PR-Portale versenden die Pressemitteilungen auch an ausgewählte Redakteure und Redaktionen.

Es gibt noch einen Vorteil, den man durch einen Versand über PR-Portale lukrieren kann: Die gewaltige Frequenz auf Presseportalen verhilft Homepages, die mit PR-Portalen verlinkt sind, zu einer höheren Position in den Suchergebnissen. Das bedeutet, dass Sie mit jeder Pressemitteilung, die Sie über ein PR-Portal verteilen und die Ihre Webadresse enthält, Ihre eigene Firmenwebsite pushen können.

Es gibt noch einen interessanten Wert: 90 Prozent. Dieser Wert besagt, dass neun von zehn Menschen bei Google nach Informationen suchen - und das gleiche gilt auch für Redakteure. Fast alle Medienleute durchsuchen das Web, um Artikel zu finden, Stimmungen einzufangen und Hintergrundinformationen zu recherchieren. Auch wenn offene Presseportale bei Journalisten weniger beliebt sind als die Websites von Presse- und Nachrichtenagenturen, haben Sie dennoch eine gute (kostenfreie) Chance, dass Ihre Pressetexte von Publizisten gefunden werden.

Empfehlenswerte PR-Portale

Nachstehend finden Sie eine Auswahl an Online-Portalen, die sich seit Ihrer Einrichtung als besonders relevant erwiesen haben. Bitte missverstehen Sie die alphabetische Reihung nicht als Ranking:

www.firmenpresse.de: Dieses Portal zählt zu den führenden Presseportalen in Deutschland. Pressemeldungen werden relativ rasch veröffentlicht, wenn sie den vorgegebenen Richtlinien entsprechen (Beispiele dafür sind: Pressemitteilungen müssen mindestens 500 Zeichen aufweisen, den Pressekodex akzeptieren, usw.). Neben Textinformationen können auch Bilder und Links gespeichert werden. Auf dem Portal publizierte Pressemitteilungen werden außerdem an ausgewählte Redaktionen weitergeleitet.

www.offenes-presseportal.de: Nach einer redaktionellen Freigabe werden die auf dem Portal abgespeicherten Pressemitteilungen rasch veröffentlicht. Prompt ist auch die Auffindbarkeit im Web: Schon kurz nach der Anzeige auf dem Portal sind die Pressetexte in den Suchmaschinen und in Google News gelistet. Dieses Portal bietet die Möglichkeit, aktuelle Presseinformationen zu abonnieren. Anfang August 2013 sind auf der Website über 500.000 Pressemitteilungen abgelegt.

www.openpr.de: Neben der Veröffentlichung auf dem Portal werden die Mitteilungen auch per RSS-Feed, Newsticker und E-Mail verteilt. Die Meldungen sind meist unmittelbar nach der Veröffentlichung in den Newsbereichen aller gängigen Suchmaschinen gelistet: Bei Google News erscheinen die Meldungen schon wenige Minuten nach ihrer Veröffentlichung. Das Portal berichtet von etwa 1,5 Millionen Seitenaufrufen pro Monat.

Was passiert nach dem Versand?

Nachdem Sie Ihre Pressemitteilung versendet haben, ist es unabdingbar, für Medienvertreter erreichbar zu sein. Stehen Sie für Interviewanfragen bereit und sehen Sie Mails mit der Bitte um weitere Informationen oder Fotos wohlwollend entgegen.

Reagieren Sie am besten sofort auf Rückfragen. Medienleute sind meistens in Zeitnot - von daher wird es immer begrüßt, wenn benötigtes Material rasch geliefert wird. Demzufolge ist es ratsam, laufend einen Blick in den Mail-Account zu werfen und am Telefon bzw. am Handy erreichbar zu sein.

Oft sind es Minuten oder Stunden die entscheiden, ob ein Bericht veröffentlicht wird oder nicht. Kann ein Beitrag nicht sofort verwertet werden, könnte die Botschaft für die nächste Ausgabe schon zu alt sein, selbst bei Tageszeitungen. Was also zählt ist Schnelligkeit.

Liefern Sie rasch was nachgefragt wird, und Sie werden in der Regel mit einem Beitrag belohnt. Und mit der Zeit erarbeiten Sie sich den Ruf, dass man sich auf Sie verlassen kann und man immer auf dem schnellsten Weg bedient wird. Und mit solchen Leuten arbeitet man doch gern zusammen, oder?

Wundern Sie sich nicht, wenn nichts passiert - also keine Anfragen oder dergleichen eintreffen. Es muss nicht bedeuten, dass Sie mit Ihrer Pressemitteilung keine Berichterstattung erzielen. Möglicherweise war in der Presseaussendung schon alles enthalten, sodass die übermittelten Daten auch ohne weiteres zutun verarbeitet werden können.

Medienrecherchen zur Erfolgskontrolle

Mit etwas Glück erscheinen schon wenige Tage nach dem Versand der Pressemitteilung die ersten Beiträge, ohne dass sich ein Redakteur bei Ihnen gemeldet hat. Das ist nicht die Ausnahme, sondern die Regel.

Von daher können Sie bald mit der Erfolgskontrolle starten. Dazu gibt es zwei Möglichkeiten: Die erste Variante ist, dass Sie bzw. Ihr Team die von Ihnen kontaktierten Medien nach Berichterstattungen durchsuchen. Der andere Weg ist, dass Sie einen auf Medienrecherchen spezialisierten Dienstleister beauftragen. Sehen wir uns nachfolgend die beiden Varianten genauer an.

(a) Eigene Medienrecherche

Sichten Sie zuerst die kontaktierten Tagesmedien, die aufgrund des kurzen Erscheinungsrhythmusses rasch reagieren und publizieren müssen. Bei Wochen-, Monats- oder Quartalsmedien warten Sie bis zum Erscheinen der nächsten und übernächsten Ausgabe.

Wenn Sie Online-Medien, eine Nachrichtenagentur oder ein offenes Presseportal für den Versand genutzt haben, macht es Sinn, im Web nach Berichterstattungen zu suchen. Hierbei googeln Sie entweder nach in der Pressemitteilung vorkommenden Schlagwörtern, und/oder greifen Sie auf dafür ausgelegte Suchmaschinen bzw. Recherchetools zurück.

Eine recht einfache und schnell einzurichtende Möglichkeit ist das Anlegen einer „iGoogle"-Seite. Es handelt sich dabei um einen kostenfreien Service der Suchmaschine Google, mit dem man sich Nachrichten, Aktienentwicklungen, Wettervorhersagen, usw. auf einer individuell gestaltbaren Startseite anzeigen lassen kann. Leider wird der Dienst mit Wirkung zum 1. November 2013 eingestellt.

Doch bis dahin kann „iGoogle" noch genutzt werden, und das ist vor allem im Bereich der Nachrichten spannend: Sie können sich alle Online-Beiträge einblenden lassen, die bestimmte Stichworte enthalten. Wenn Sie hier zB Ihren Firmennamen oder ein anderes eindeutiges Merkmal aus Ihrer Presseaussendung verwenden, sehen Sie, auf welchen Portalen Ihre Botschaft aufgegriffen wurde.

Neben dem iGoogle-Dienst gibt es noch weitere nützliche Tools, die Ihnen bei der Recherche nach veröffentlichten Online-Beiträgen helfen. Recht praktisch sind etwa die sog. **Web-Alerts**, wie sie auch von Google angeboten werden. Die Vorgehensweise ist ähnlich wie bei iGoogle: Man legt Schlüsselbegriffe fest, für die man Informationen erhalten möchte. Anschließend erhält man eine E-Mail, sobald der Suchbegriff auf Webseiten, in Nachrichten oder in Blogs verwendet wird. Praktisch ist, dass die Häufigkeit der Zustellungen je nach Bedarf festgelegt werden kann, bei Google ist das bei Veröffentlichung, einmal täglich oder einmal wöchentlich.

Überdies gibt es noch sog. **Blogsuchmaschinen**, ein Beispiel ist die „Google Blogsuche". Nach der Eingabe bezeichnender Begriffe werden Millionen von Blogs nach relevanten Beiträgen durchsucht und die Treffer sofort, wie bei einer Suchmaschine, in einer Suchergebnisliste angezeigt.

(b) Externe Medienbeobachtung

Falls Ihnen die zeitlichen Ressourcen fehlen um zig Zeitungen, Zeitschriften, Blogs, Foren, usw. zu durchforsten, oder wenn Sie einen bundesweiten oder internationalen Überblick über Ihre Berichterstattungen wünschen, können Sie auf spezialisierte Dienstleister, sog. Medienbeobachter, zurückgreifen.

Medienbeobachter recherchieren in tausenden von Massenmedien, um Beiträge mit einem bestimmten Stichwort oder zu einem bestimmten Thema auszuheben und dem Auftraggeber zur Verfügung zu stellen. In manchen Fällen decken die Dienstleister nicht die gesamte Bandbreite ab, sondern nur einzelne Teilbereiche, wie zB Printmedien, Online-Medien, Radio- oder TV-Sendungen.

Zur Dokumentation eines Beitrags wird ein sog. Clipping erstellt, einem aus der Publikation oder dem Medium kopierten Artikel. Bei audiovisuellen Medien erfolgt die Speicherung der Meldung auf einen Datenträger. Jedem Clipping sind erläuternde Informationen beigefügt, wie die Quelle oder das Erscheinungsdatum.

Die Gebühren für einen Clipping-Service setzen sich in der Regel aus einem monatlichen Grundbetrag, und den Kosten für jeden einzelnen Ausschnitt zusammen. Manchmal kommen auch monatliche Pauschalen zum Einsatz.

Etablierte Medienbeobachter sind zB Landau Media, Ausschnitt Medienbeobachtung, Cision und die Meltwater Group. Aus Österreich stammen Observer, MMO Media Market Observer und Eisenbacher.

Häufige Fragen zu Berichterstattungen

In der Praxis treten gelegentlich Unklarheiten auf, die im Zusammenhang mit einer oder mehreren Berichterstattungen stehen. Sie finden nachfolgend einige Beispiele aus Praxis.

Die Berichterstattung ist mit einem anderen Thema erfolgt

Wundern Sie sich nicht, wenn in einem Beitrag nicht die aktuelle Pressemitteilung aufgegriffen wurde, sondern eine ältere Aussendung, vielleicht sogar zu einem ganz anderen Thema. Das kommt durchaus vor. Vielleicht hat ein Redakteur aufgrund Ihrer Presseinformation die Website besucht und dort Informationen entdeckt, die er im Moment als spannender empfunden hat.

Die Berichterstattung ist erfolgt – aber falsch interpretiert

Da Sie für eine Berichterstattung keinen finanziellen Beitrag leisten, erhalten Sie vor der Veröffentlichung nur selten einen Abzug. Damit bleiben Sie bis zuletzt im Unklaren, was über Sie publiziert wird. Erst wenn der Artikel erschienen ist erfahren Sie, ob der Redakteur Ihre Botschaft richtig interpretiert und wiedergegeben hat.

Im schlimmsten Fall (was zum Glück nur sehr selten vorkommt), erscheint ein Beitrag, der nicht das wiedergibt, was Sie mit Ihrer Presseinformation ausdrücken wollten – der Text also falsch interpretiert wurde. Was tut man dann?

Zuerst: Bleiben Sie ruhig! Greifen Sie nicht sofort zum Hörer und rufen Sie wutentbrannt in der Redaktion an. Stimmen Sie sich vorher intern ab, informieren Sie alle Personen in Ihrem Unternehmen, die von dem Vorfall erfahren müssen. Klären Sie, ob Sie juristischen Rat benötigen. Unter Umständen macht es Sinn, sich zur rechtlichen Lage zu erkundigen. Klären Sie danach, wie Sie weiter vorgehen wollen.

Bedenken Sie, dass die Zusammenarbeit mit Journalisten auf freiwilliger Basis beruht und eine Falschmeldung wahrscheinlich nicht beabsichtigt war. Wenn die Konsequenz der Meldung nicht zu problematisch ist, könnten Sie mit dem entsprechenden Redakteur Kontakt aufnehmen. Bleiben Sie dabei freundlich und stellen Sie keine Beschuldigungen an. Berichten Sie sachlich, dass bei Ihrer Pressemitteilung (möglicherweise) ein Missverständnis aufgetreten ist. Laden Sie den Publizisten zu einem persönlichen Gespräch ein, in dem das Thema der Presseinformation besprochen werden könnte. Verbinden Sie dies vielleicht auch mit einer Firmenführung. Erkundigen Sie sich, ob gegebenenfalls eine Richtigstellung möglich wäre.

Je besser ein Redakteur von Ihrem Betrieb Bescheid weiß, desto eher sinkt die Gefahr einer weiteren Falschmeldung. Wenn Sie den Vorfall mit Geschick lösen, kann dies für den Medienvertreter ein Motivator sein, bald wieder über Ihre Produkte, Aktivitäten, usw. zu berichten. Versuchen Sie, in guter Erinnerung zu bleiben - Sie unterstreichen damit Ihre Kompetenz und steigern Ihre Reputation in den Redaktionen.

Keine einzige Berichterstattung!

Falls Sie nach einer Presseaussendung keine Berichterstattung entdecken, lassen Sie sich nicht davon entmutigen. Es kommt vor, dass Redakteure Ihre Pressemitteilung vorerst nur zur Seite legen. Möglicherweise ist demnächst eine Reportage oder eine Story zu einem bestimmten Thema geplant, zu der Ihr Beitrag passen würde. Das kann auch der Grund sein, warum sich ein Journalist in einem Artikel auf eine Presseinformation bezieht, die Sie schon vor längerer Zeit versendet haben.

Rufen Sie keinesfalls in den Redaktionen an, um eine Berichterstattung zu erreichen. Das ist einer der am häufigsten genannten Punkte, was Medienvertreter im Alltag ärgert. Außerdem kostet es Ihnen wahrscheinlich eine enorme Zeitanstrengung, denn Medienleute sind meistens viel unterwegs oder in Besprechungen, und damit schwierig zu erreichen.

Wenn keine Berichterstattung erzielt wurde, kann das ein Indiz sein, dass Sie Ihre Pressearbeit noch optimieren sollten. Sie finden am Ende dieses Buches viele nützliche Checklisten, die alle wichtigen Punkte zusammenfassen. Gehen Sie die Listen durch und kennzeichnen Sie jene Punkte, die Sie vielleicht zu wenig berücksichtigt haben. Bevor Sie die nächste Pressemitteilung versenden, ist es unter Umständen ratsam, die Checklisten noch einmal anzusehen und zu prüfen, ob alle wichtigen Kriterien erfüllt sind.

Gründe für ausbleibende Berichterstattungen

Wenn Sie feststellen, dass ein für Sie wichtiges Medium nicht über Sie berichtet, kann dies mehrere Gründe haben:

- Ihre **Themenschwerpunkte** decken sich nicht mit jenen des Mediums

- Ihr Unternehmen zählt nicht zur **Zielgruppe des Mediums** (interessant sind vielleicht nur große Unternehmen ab 250 Mitarbeiter, mit mindestens 50 Mio. Umsatz, usw.)

- Ihre Themen waren **nicht aktuell genug** (die Messeteilnahme war schon vor einem Monat), **zu wenig interessant** (Sie führen eine Technologie ein, die schon längst branchenüblich ist) oder **zu lokal** (das Medium berichtet nur von überregionalen Ereignissen)

- In Presseinformationen wurden **formale Kriterien** nicht erfüllt (zu viele Themen in einer Presseaussendung, zu werblich, keine Gliederung, Text ist zu kompliziert bzw. schwer verständlich, zu viele Fremdwörter, usw.)

- Die **Fotos** waren für eine Veröffentlichung ungeeignet (Bildrechte wurden nicht bekannt gegeben, zu schrille Farben, zu werblich, usw.)

- **Anfragen von Redakteuren** wurden nicht sofort bearbeitet

- Sie stehen auf einer **„Blacklist"**, weil Sie viele Presseinformationen, Newsletter oder Mailings übermittelt haben, die für das Medium nicht verwertbar waren

Der Pressespiegel als Artikelarchiv

Fassen Sie Ihre Medienberichterstattungen in einem sog. Pressespiegel zusammen, Sie erhalten damit einen guten Überblick über Ihre bisherigen Presseerfolge. Außerdem können Sie daraus Hinweise zur Optimierung Ihrer zukünftigen Pressearbeit gewinnen – dazu erfahren Sie später noch mehr. Beginnen wir zuerst damit, wie man einen Pressespiegel anlegen kann.

Die einfachste Vorgehensweise ist, Zeitungsausschnitte einzuscannen und Screenshots von Online-Beiträgen anzufertigen. Diese sollten anschließend chronologisch gereiht, und in ein Textverarbeitungsprogramm (wie zB Word) eingefügt werden. Um sicherzustellen, dass der Artikel gut lesbar bleibt, ist es empfehlenswert, wenn sich auf jeder Seite nur ein Bericht befindet (außer bei sehr kleinen Beiträgen). Ergänzen Sie jeden Artikel mit dem Namen des Mediums und dem Datum, wann er veröffentlicht wurde. Unter Umständen sind noch weitere Informationen für Sie wesentlich, etwa die Auflagenhöhe oder die Seitenangabe, auf der die Meldung erschienen ist. Pressespiegel beginnen immer mit der aktuellsten Berichterstattung, der älteste Beitrag befindet sich stets am Schluss.

Wozu benötigt man einen Pressespiegel?

Mit Ihrem Pressespiegel können Sie auf einfache Art und Weise feststellen, wie „ertragreich" Ihre Medienarbeit in einem bestimmten Zeitraum verlaufen ist. Damit hier ein möglichst wahrheitsgetreues Bild gezeichnet wird, wäre es wichtig, wenn (fast) jeder Artikel verfügbar ist.

Das Bemühen um einen vollständigen Pressespiegel belohnt Sie mit der Chance, daraus nützliche Hinweise für Ihre zukünftigen Medienaktivitäten ableiten zu können. Die nachfolgenden Fragen helfen Ihnen dabei:

- Welche Medien haben **oft, selten oder kaum** über Sie berichtet?

- Welche Medien haben **längere, mittlere oder nur sehr kurze Artikel** über Sie verfasst?

- Was glauben Sie waren die **Gründe**, falls Medien **nicht über Sie berichtet** haben?

Nutzen Sie die durch diese Fragen gewonnenen Erkenntnisse für Ihre weitere Pressearbeit und konzentrieren Sie sich in Zukunft auf Medien, die …

… **oft, richtig und vor allem positiv** über Sie berichtet haben.

… Ihren Berichten **ausreichend Platz** zur Verfügung gestellt haben.

… ein **Foto** in die Berichterstattung aufgenommen haben.

… für Sie und Ihre Ziele relevant sind und Ihnen bei der **Erreichung Ihrer Marketingziele** behilflich sind.

Was ist eine Medienresonanzanalyse?

Wenn Sie in Ihrer Artikelanalyse einen Schritt weiter gehen und Ihre Medienpräsenz statistisch auswerten, spricht man von einer sog. Medienresonanzanalyse. Interessant ist dabei, wie viele Beiträge in einem bestimmten Zeitraum zu einem Thema erschienen sind, welche Auflage erreicht wurde, die regionale Verteilung der Artikel, der Werbeäquivalenzwert (das ist der durch PR erzielte monetäre Wertschöpfungsbeitrag), und die Tendenz der Berichterstattung (positiv, neutral oder negativ).

Bleiben Sie in Kontakt!

Egal wie erfolgreich Ihre bisherige Pressearbeit auch verlaufen ist, halten Sie Kontakt mit den Redakteuren Ihrer favorisierten Medien.

Achten Sie bei jenen Medienvertretern auf eine angenehme Beziehungspflege, deren Medien für Ihr Unternehmen besonders wichtig sind: Versuchen Sie, sich mit diesen Publizisten regelmäßig zu treffen (zB einmal pro Jahr), um über Projekte und Vorhaben zu sprechen. Dazwischen bleiben Sie schriftlich in Kontakt, über die regelmäßig versendeten Pressetexte.

Tipp: Wählen Sie immer mit Sorgfalt, welcher Reporter mit welcher Pressemitteilung versorgt wird. Denn Medienleute sollten nur solche Nachrichten von Ihnen erhalten, die in hohem Maße für sie bzw. die Leser interessant sind. Nur so bauen Sie sich einen guten Ruf auf, der Ihnen für viele Jahre von Vorteil sein wird.

Professionalität in Krisensituationen

Gerade in kritischen, meist unerwarteten Situationen ist es schwierig, einen kühlen Kopf zu bewahren - genau das wird aber von Presseverantwortlichen gefordert. Überlegen Sie daher, was Ihnen in einer plötzlich hereinbrechenden Problemsituation helfen kann, professionell gegenüber der Presse aufzutreten.

Sorgen Sie lieber früher als später dafür, dass in einer Krisensituation eine handlungsfähige Kommandostruktur sichergestellt ist, und zwar zu jeder Zeit. Vielfach ist es in einem Ausnahmezustand hilfreich, auf ein **vorbereitetes Dossier** zurückgreifen zu können. Darin sollte geregelt sein, welche Schritte in welcher Reihenfolge zu setzen sind, und was zu tun ist, um den Überblick zu bewahren und nichts Wichtiges zu vernachlässigen.

Zusätzlich ist es von Vorteil, rasch auf **vorbereitete Schriftstücke bzw. Dokumentensammlungen** zugreifen zu können:

- **Eine Checkliste mit einem genau geregelten Ablauf:** Wer informiert wen? Wer kommuniziert mit der Presse? Wer ist befugt, was zu welchem Zeitpunkt an die Presse weiterzugeben? Überlegen Sie, welche Punkte noch festgelegt werden sollten, damit heikle Situationen rasch und professionell überwunden werden können

- Falls Ihr Unternehmen Geräte oder Anlagen erzeugt, große Maschinen in der Produktion einsetzt oder Produkte vertreibt, die zum gleichen Zeitpunkt von vielen Menschen benutzt werden, sollten Sie Unterlagen sammeln die dokumentieren, was von dem Unternehmen unternommen wird, um Unfälle oder Tragödien zu vermeiden. Das können Umweltschutzbestätigungen, Wartungspläne, Prüfzertifikate, usw. sein

Nehmen Sie kritischer Presse den Wind aus den Segeln, indem der Pressesprecher des Unternehmens (dh der Geschäftsführer, das Vorstandsmitglied oder der Medienverantwortliche) **schnell, konkret und präzise** über den Sachverhalt und dessen Hintergründe informiert. Geben Sie an, welche Aktivitäten der Betrieb unternimmt, um derartige Katastrophen zu vermeiden.

Seien Sie sich dessen bewusst, dass jede Ihrer Aussagen in eine Waageschale gelegt wird. Jede noch so kurze, in der Hitze des Gefechts vielleicht unpräzise formulierte Aussage, etwa am Telefon, könnte aufgegriffen werden und am nächsten Tag in allen Medien zu lesen sein.

Bewahren Sie in solchen Situationen immer einen kühlen Kopf und schwören Sie diesbezüglich auch alle Personen in Ihrem Unternehmen ein, die mit Redakteuren in Kontakt stehen. Gerade in turbulenten Zeiten ist ein selbstbewusstes Auftreten gefragt. Bleiben Sie bei der Wahrheit und vermeiden Sie (als Unternehmen), arrogant und/oder unüberlegt aufzutreten.

Das Wichtigste in Kürze

Sie haben auf den vorangegangenen Seiten viele Tipps und Tricks kennen gelernt, die Sie unterstützen, möglichst viele wohlwollende Berichterstattungen zu erzielen.

Da es beinahe unmöglich ist, sich alle wichtigen Punkte sofort einzuprägen bzw. umzusetzen, gilt es, sich zu Beginn zumindest auf die wichtigsten Aspekte zu konzentrieren:

*   Legen Sie einen **Presseverteiler mit den Kontaktdaten** all jener Medienvertreter an, die für Ihr Unternehmen und/oder Ihre Branche von Bedeutung sind

*   **Bedienen Sie Redakteure regelmäßig.** Dabei gilt: **Qualität vor Quantität.** Überlegen Sie vor jeder Presseaussendung, ob das Thema auch tatsächlich zu dem Medium passt, für das der Journalist tätig ist. Nicht jedes Medium darf/soll jeden Pressetext erhalten

*   **Lassen Sie Publizisten nicht warten** und liefern Sie möglichst umgehend die nachgefragten Informationen bzw. Dateien

*   **In Pressemitteilungen steht das Wichtigste am Anfang.** Der erste Absatz sollte 95 Prozent des gesamten Informationsgehaltes abbilden

*   Gliedern Sie den **Text in Absätze** und versehen Sie diese mit **Zwischenüberschriften**

*   Achten Sie auf **einfache, nicht zu werbliche Worte** und **verzichten Sie auf Fremdwörter**

*   Ihr **Firmenname** sollte **in jedem Absatz** vorkommen

- Verwenden Sie **Zitate** und **(belegbare) Beispiele**

- Begrenzen Sie die Länge Ihrer Pressemitteilung auf **max. zwei A4 Seiten**

- Setzen Sie auf **aktive Fotos**, liefern Sie **aussagekräftige Bildlegenden** und informieren Sie über den **Inhaber der Bildrechte**

- Nennen Sie den **Ansprechpartner für die Medien** und geben Sie weiters alle Kontaktmöglichkeiten an (Telefonnummer mit Durchwahl, Handy-Nummer, Mailadresse, usw.)

- Beobachten Sie die kontaktierten Medien, legen Sie einen **Pressespiegel** an und analysieren Sie das **Presse-Echo**

- Etablieren Sie sich als **zuverlässiger Pressepartner** und seien Sie sich immer dessen bewusst, dass die **Zusammenarbeit auf Freiwilligkeit** beruht

21 Checklisten

Sie finden nachfolgend alle in diesem Buch behandelten Themen überblicksartig zusammengefasst. Die Checklisten helfen Ihnen, ein Gefühl dafür zu entwickeln, worauf es Medienleuten ankommt und was Sie bei Ihrer Pressearbeit besonders berücksichtigen sollten.

Nehmen Sie sich Zeit, um diese wichtigen Bausteine zu verinnerlichen. Sie werden sehen, mit der Zeit gehen Sie Ihnen ins Blut über. Bis es soweit ist, unterstützen Sie die Checklisten bei jeder Presseaussendung.

Checkliste: Was Sie auf jeden Fall vermeiden sollten

- Die **Verwendung von Werbetexten** (zu werblich, zu unsachlich, usw.)

- Die **Formulierung des Textes** nicht auf den **Stil des Mediums abzustimmen** (Tagesmedien vs. wissenschaftliche Publikationen)

- Die **Überschrift als Frage** zu formulieren

- Eine für den Journalisten **zeitaufwendige Abwicklung**

- Ein **passwortgeschützter Pressebereich**

- **Schlechte Erreichbarkeit**

- **Teure Geschenke** für Redakteure

- **Exemplare bestellen**

Checkliste: Wie Themen ausgewählt werden

Medienvertreter treffen die Entscheidung, welche Pressemitteilungen verarbeitet oder aussortiert werden, oft intuitiv und auf Basis nachfolgender Aspekte:

- Ist das Thema der Presseaussendung für das **Medium relevant**?

- Ist das Ereignis **aktuell**?

- Ist der Kern der Pressemitteilung in irgendeiner Form **neu** und/oder **außergewöhnlich**?

- Hat der Inhalt eine **öffentliche Bedeutung** oder **soziale Auswirkung**?

- Hat das Thema einen **regionalen/überregionalen Bezug**? (Das Thema muss mit dem Regionalitätsgrad des Mediums übereinstimmen, das entweder regional oder überregional ausgerichtet ist)

Je mehr Fragen mit „Ja" beantwortet werden können, desto nachrichtenrelevanter ist das Thema.

Checkliste: Pressebereich auf der Website

Im Idealfall sind folgende Komponenten einfach und rasch auffindbar:

1. Der **Ansprechpartner für Publizisten** inklusive seinen Kontaktdaten: Mailadresse, Telefonnummer samt Durchwahl, Handy-Nummer, Link zum Firmen-Xing-Profil, usw.

2. **Verdichtete Informationen** zum Unternehmen: Entstehung, Schwerpunkte, Produkte, Umsatz, Mitarbeiteranzahl, Management, Exportanteil, usw.

3. **Farbfotos im Hoch- und Querformat:** Jeweils mehrere Aufnahmen von den Vertretern der Geschäftsführung, Produktfotos, Bilder vom Firmengebäude, von Laboren, usw.

4. **Broschüren:** Firmenfolder, Geschäftsberichte, Produktfolder, Nachhaltigkeitsberichte, usw.

5. **Links zu den Social Media Kanälen**, etwa zu Ihrem Blog, zu Twitter, YouTube, Facebook, Xing, Flickr, usw.

6. **Chronologisch gereihte Presseinformationen**

7. **Logos**: Geringstenfalls ein Farb-Logo mit einer druckfähigen Auflösung von 300 dpi

8. **Termine:** Messeteilnahmen, Jubiläen, Veröffentlichung von Geschäftszahlen, usw.

9. **Lebensläufe** von den Mitgliedern der Geschäftsführung, eventuell auch vom Management

10. **Artikelarchiv:** Werbefreie Artikel, Reden, Präsentationen, Studien, Prüfberichte, usw.

Häufig stehen nicht die Ressourcen zur Verfügung, einen derart umfassenden Pressebereich einzurichten. Wenn Sie **die ersten fünf Punkte** berücksichtigen können, ist Ihr Pressecorner schon gut ausgestattet.

Checkliste: Bausteine erfolgreicher Medienarbeit

(1) **Nachrichtenrelevantes Thema bestimmen**

(2) Suche nach **geeigneten Medien**

(3) **Redakteur herausfinden**

(4) **Schreiben des Pressetextes**

(5) **Ausdrucksstarke Fotos** auswählen

(6) **Versand des Pressetexts**

(7) **Pressespiegel** anlegen

(8) **Erfolgskontrolle** und **Ableitung von Lernpotenzialen**

(9) Mit Redakteuren **Kontakt halten**

Checkliste: Themen für Presseinformationen

- Alles was signalisiert, dass das **Unternehmen erfolgreich** ist

- **Organisatorische Veränderungen**

- **Technische Verbesserungen**

- Aktivitäten **rund um die Mitarbeiter**

- Erhaltene **Auszeichnungen, Qualitäts- oder Prüfsiegel**

- Teilnahme an **Veranstaltungen, Messen und Events**

Checkliste: Aufbau eines Medienverteilers

- **Wen** (welche Zielgruppe) wollen Sie **erreichen**?

- **Welche Medien** erreichen diese **Zielgruppe am besten**?

- **Welche Medien** kennen und **nutzen Sie bereits**?

- **Welche Medien gibt es noch?**

- **In welchem Medium** möchten Sie **unbedingt präsent sein**?

Checkliste:
Medienanalyse

Nachfolgende Fragen helfen Ihnen festzustellen, welche Medien besonders relevant für Ihre Pressearbeit sein könnten:

- An wen (welche **Zielgruppe**) richtet sich das Medium?

- Welche **Themen** werden hauptsächlich in diesem Medium behandelt?

- Welche **Ressorts** gibt es?

- Wie **lange sind die Artikel**?

- Wie viele **Fotos** werden pro Beitrag verwendet?

- Wie hoch ist die **Auflage** des Mediums?

- Wer ist der für meine Themen zuständige **Redakteur**?

- Wann ist der **Redaktionsschluss**?

Identifizieren Sie aus allen Medien, denen Sie in Zukunft Ihre Pressetexte senden wollen, Ihre **TOP-Medien**. Das sind jene Zeitungen, Zeitschriften, Magazine, Blogs, usw., die Ihnen für Ihre Öffentlichkeitsarbeit besonders wichtig sind. Sie erkennen diese anhand folgender Charakteristika:

- Mindestens ein Medium aus der **Tages-, Wochen-, Regions-, Branchen- und Fachberichterstattung**

- Es ist realistisch, **regelmäßig einen Artikel** mit einer Länge von **mindestens einer viertel Seite** zu erzielen

- In den Beiträgen werden **häufig Fotos** eingesetzt

Checkliste: Inhaltlicher Aufbau von Pressetexten

- **Alle wichtigen Komponenten** werden **im ersten Absatz zusammengefasst**

- Der **Fließtext** ist **nach Wichtigkeit gereiht** (zu Beginn steht die wichtigste Kernaussage, in der Mitte werden weitere wichtige Details erörtert und am Ende finden sich noch interessante, aber nicht mehr so wichtige Ergänzungen)

- Jeder neue Gedanke (jeder Baustein) wird in einem **neuen Absatz** zusammengefasst

- **Zwischenüberschriften** gliedern die Absätze

- Der **Firmenname** sollte in jedem Absatz einmal vorkommen

- Den Abschluss bildet der sog. **Abbinder**, in dem der Versender knapp aber präzise vorgestellt wird

Checkliste: Formale Gestaltungskriterien

- **Format: A4** (Hochformat)

- **Weißer Hintergrund**

- **Gut leserliche Schrifttype**

- Schriftgröße: **mindestens 11 pt**

- Gesamtlänge der Presseinformation: **max. zwei A4-Seiten**

Checkliste:
Stilistische Tipps

- Formulieren Sie **kurze, einfache Sätze**

- Verwenden Sie **viele Verben, wenig Hauptwörter** und **keine Fremdwörter**

- Vermeiden Sie **Superlative** („Wir haben das beste Produkt entwickelt.")

- Fügen Sie mindestens ein **Zitat** ein

- Stellen Sie Personen immer mit **Titel, Vor- und Zuname** sowie der **Funktion im Unternehmen** vor

- Verzichten Sie auf **Füllwörter** wie übrigens, allerdings, eigentlich, offenbar

- Meiden Sie **inflationär benutzte Begriffe** wie innovativ, effizient, kompetent, nachhaltig

- Nehmen Sie Abstand von **Übertreibungen, Wertungen oder Beschuldigungen**

- Der Text sollte **großteils unformatiert** sein

Checkliste: Journalistische Formulierungen

- **Formulierung in der Gegenwartsform** („XY ist Weltmarktführer bei Hochdruckmaschinen")

- **Verwendung der Erzählform** (Firma XY) statt ich, du, er, sie, usw.

- **Zahlen bis zwölf ausschreiben** (Eins bis zwölf) statt (1-12)

- **Zahlen ab 13 in Ziffern** darstellen (13 bis 15) statt (dreizehn bis fünfzehn)

- **Susanne Maier** statt Frau Susanne Maier (ohne „Herr" und „Frau")

- **Kunden** statt KundInnen (kein Gendern)

- **Am Montag** statt Heute

- **Keine Verwendung von Abkürzungen**

  - **Fünf Prozent** statt 5%

  - **14. September 2013** statt 14.09.2013

  - **17 Euro** statt EUR 17

  - **Millionen** statt Mio.

  - **Milliarden** statt Mrd.

  - **Kilometer** statt km

Checkliste: Bausteine eines Pressetextes

1. **Firmen-Logo(s):** Diese werden häufig links oben in der Kopfzeile platziert, bei mehreren Logos können sich diese über die gesamte Blattbreite erstrecken

2. Angabe des **Erstellungs- oder Versanddatums** (häufig rechtsbündig)

3. Das Wort „**Pressemitteilung**" oder „**Medieninformation**" (meistens linksbündig und einige Zeilen unterhalb des Logos)

4. **Überschrift** (linksbündig)

5. Optional: **Ergänzender Untertitel** (unterhalb der ersten Überschrift)

6. **Erster Absatz** zur Beantwortung der „W-Fragen" (erörtert zuerst den Kern der Botschaft und dann alle bedeutenden Bausteine)

7. Der **Fließtext** mit aussagekräftigen Details und näheren Einzelheiten

8. Die **Unternehmensbeschreibung** („Über [Firmenname]")

9. Der **Ansprechpartner für Redakteure,** inkl. Kontaktdaten

10. Angaben zu Bildern (**Bildlegenden**) und Bildrechten (**Urhebervermerk** und **Verwendungsinformation**)

Checkliste: Ausdrucks-starke Pressefotos

- Zeigen Sie **„Menschen in Aktion"**, in aktiver und positiver Haltung

- Vermeiden Sie **Gruppenfotos ohne „Pep"**, etwa Leute, die langweilig hintereinander stehen oder nebeneinander aufge-reiht sind

- Verzichten Sie auf den Einsatz von **Passfotos**

- Pressefotos dürfen **nicht zu werblich** wirken

- Das **Firmenlogo** sollte (dezent) im Hintergrund sichtbar sein

- Versuchen Sie, auch den **Hintergrund** zu inszenieren und in Summe ein interessantes Bild abzuliefern (Achtung bei Vor-hängen und Wänden)

Checkliste: Anforderungen an Pressefotos

- Verwenden Sie das Format **„jpeg" oder „tiff"**

- Die Auflösung sollte **mindestens 300 dpi** betragen

- **Benennen** Sie jede Bilddatei **aussagekräftig**

- Stellen Sie für jedes Pressefoto eine **Bildlegende** zur Verfügung

- Geben Sie bei jedem Foto den **Urheber** an und wie das Foto **verwertet** werden kann

- Optional: Erfassen Sie **Hintergrundinformationen** in der **Bilddatei**, wie die Bildlegende, den Urheberrechts- und Verwendungshinweis, usw.

Checkliste: Finale Versandvorbereitungen

- Liegt die **interne Freigabe** der Pressemitteilung bereits vor?

- Falls **externe Freigaben** notwendig sind: Sind die schriftlichen Einverständniserklärungen schon eingetroffen?

- Für welche **Medien** ist das Thema der Pressemitteilung interessant?

- Nutzt man für den Versand den **eigenen Presseverteiler**, eine **Presse- oder Nachrichtenagentur** und/oder ein **offenes PR-Portal**?

- Gibt es eine **Sperrfrist**, die eingehalten bzw. kommuniziert werden muss?

Checkliste: Versand der Presseinformation

- **Ein Pressetext** kann an **verschiedene Medien** gesendet werden, solange die Formulierung des Pressetextes zum Stil des Mediums passt (wissenschaftliche Fachblätter erfordern andere Pressemitteilungen als Tageszeitungen)

- Versenden Sie Pressetexte lieber an **personifizierte Mailadressen** als an allgemeine Redaktionsadressen

- In der Pressemail sollten **alle Einzelheiten und Dateien**, dh die Pressemitteilung, Pressefotos, Bildlegenden, Urheberrechte, Verwertungshinweise, usw. enthalten sein

- Berücksichtigen Sie die **Vorlaufzeiten in den Redaktionen** (zB bei Monatsmedien)

- **Nachberichterstattungen** (zB von Events) müssen ehestmöglich versendet werden, wenn diese in Tages- oder Wochenzeitungen erscheinen sollen (am besten unmittelbar nach dem Event)

Checkliste: Betreffzeile und E-Mail-Text

- Im Betreff steht die **Überschrift der Presseinformation**

- Der **Firmenname** sollte den Betrefftext einleiten

- Verwenden Sie in der Pressemail eine **persönliche Anrede**

- **Kommen Sie sofort auf den Punkt** – verzichten Sie auf eine einleitende Unternehmensbeschreibung

- In der Mail befindet sich entweder eine **Zusammenfassung der Pressemitteilung** (zB der erste Absatz) oder der **gesamte Pressetext** (die Presseinformation sollte dennoch im Anhang mitgesendet werden, egal welche Variante Sie verwenden)

- Bieten Sie an, für ein **persönliches Gespräch** zur Verfügung zu stehen

- Falls Sie einen Event ausschreiben, **laden Sie den Redakteur ein**, an der Veranstaltung (kostenfrei) **teilzunehmen**

- Falls vorhanden, verweisen Sie auf den **Pressebereich auf Ihrer Website**

- **Bedanken Sie sich** für die Unterstützung, falls eine Berichterstattung möglich ist

- Fügen Sie Ihre **vollständige Signatur** ein

Checkliste: E-Mail-Attachments

- Versenden Sie Ihre Presseinformationen als **Word-Datei und/oder im PDF-Format**

- Runden Sie Ihren Pressetext mit **zwei bis drei guten Fotos** ab

- Falls es weitere Fotos gibt, informieren Sie über die **Download-Seite** und geben Sie den Link dazu an

- Wenn Sie **ergänzende Dokumente** mitsenden wollen (zB einen Veranstaltungs- oder Unternehmensfolder), stellen Sie diese im PDF-Format zur Verfügung

- Ihre Mail sollte eine **Größe von 5 MB** nicht überschreiten

Checkliste: Medienbeobachtung

- **Recherche in den Medien** der kontaktierten Redakteure

- Einrichtung einer **iGoogle-Seite** (nutzbar bis 1. November 2013)

- Anlegen von **Web-Alerts**

- Nutzung von **Blogsuchmaschinen**

- Beauftragung eines **Medienbeobachters**

Checkliste: Medienresonanzanalyse

Erheben Sie für Ihre **Erfolgskontrolle**:

- **Wie viele Presseberichte** sind in **welchem Zeitraum** erschienen?

- Wie gestaltete sich die **regionale Verteilung** der Artikel?

- Welche Medien haben **oft, richtig und positiv** über Sie berichtet?

- Welche **Auflage** bzw. **Reichweite** haben Ihre Presseberichterstattungen erzielt?

- Wie hoch ist der **Werbeäquivalenzwert**?

- Wurde tendenziell **positiv, neutral oder negativ** über Sie berichtet?

Checkliste: Ausbleibende Berichterstattungen

Gründe können sein:

- **Ihre Themen** decken sich nicht oder zu wenig mit den **Themen des Mediums**

- Ihr Unternehmen zählt nicht zur **Zielgruppe des Mediums** (es ist zu klein, zu wenig international, usw.)

- Ihre Pressemitteilungen berücksichtigen nicht oder zu wenig den **Stil des Mediums**

- Die Themen waren **nicht aktuell genug**, **zu wenig relevant** oder **zu lokal**

- Die Presseinformationen haben die **formalen Kriterien** nicht erfüllt

- **Anfragen von Redakteuren** wurden unzufriedenstellend bearbeitet

Schlussbemerkung

Die in diesem Buch wiedergegebenen Gebrauchsnamen, Handelsnamen, Warenbezeichnungen, usw. berechtigen auch ohne besondere Kennzeichnung nicht zu der Annahme, dass diese im Sinne der Warenzeichen- und Markenschutz-Gesetzgebung als frei zu betrachten wären und daher von jedermann benutzt werden dürften. Sämtliche verwendete Handelsmarken oder Markenzeichen sind Eigentum der jeweiligen Rechteinhaber.

Die Autorin hat höchste Sorgfalt bei der Erstellung dieses Praxisleitfadens angewandt. Dennoch übernimmt sie keinerlei Verantwortung oder Haftung für Richtigkeit, Vollständigkeit, eventuelle Fehler oder Versäumnisse. Die Inhalte werden unter Ausschluss jeglicher Gewährleistung zur Verfügung gestellt. Insbesondere erfolgt die Anwendung von den dargestellten Informationen auf Gefahr des Umsetzers.

Aussagen und Darstellungen über Zahlen, Kosten oder Leistungen basieren auf Informationen zum Zeitpunkt der Erstellung.

www.ingramcontent.com/pod-product-compliance
Lightning Source LLC
Chambersburg PA
CBHW030801180526
45163CB00003B/1125